Leitfaden zur Erfassung
des psychopathologischen Befundes

Leitfaden zur Erfassung des psychopathologischen Befundes

Halbstrukturiertes Interview anhand des AMDP-Systems

2., überarbeitete Auflage

von
Erdmann Fähndrich
und Rolf-Dieter Stieglitz

 Hogrefe · Verlag für Psychologie
Göttingen · Bern · Toronto · Seattle

Prof. Dr. med. Erdmann Fähndrich, geb. 1941. 1961-1968 Studium der Medizin an der FU Berlin. 1968 Promotion. 1970-1977 Wissenschaftlicher Assistent an der Universitäts-Nervenklinik Berlin. 1977-1984 Oberarzt an der Psychiatrischen Universitätsklinik der FU Berlin. 1984 Habilitation. 1984 Berufung zum Chefarzt der Psychiatrischen Abteilung am Krankenhaus Berlin-Neukölln. Seit 1985 Aufbau der Abteilung und Organisation der teilstationären, komplementären und ambulanten Versorgung psychisch Kranker in Neukölln.

PD Dr. rer. nat. Rolf-Dieter Stieglitz, geb. 1952. Studium der Psychologie und Wissenschaftlicher Mitarbeiter am Institut für Psychologie der Christian-Albrechts-Universität Kiel. 1986 Promotion. Wissenschaftlicher Mitarbeiter an der Psychiatrischen Klinik der FU Berlin. Seit 1992 an der Abteilung für Psychiatrie und Psychotherapie der Albert-Ludwigs-Universität Freiburg tätig. 1997 Habilitation.

Die Deutsche Bibliothek - CIP-Einheitsaufnahme

Fähndrich, Erdmann:
Leitfaden zur Erfassung des psychopathologischen Befundes : halbstrukturiertes Interview anhand des AMDP-Systems / von Erdmann Fähndrich und Rolf-Dieter Stieglitz. - Göttingen ; Bern ; Toronto ; Seattle: Hogrefe, Verl. für Psychologie, 1998

ISBN 3-8017-1036-X

Die erste Auflage des Titels erschien 1989 bei Springer, Berlin

© by Hogrefe -Verlag, Göttingen • Bern • Toronto • Seattle 1998
Rohnsweg 25, D-37085 Göttingen

Satz: Druckvorlagen Bernert, Göttingen
Druck: Dieterichsche Universitätsbuchdruckerei
W. Fr. Kaestner GmbH & Co KG, D-37124 Rosdorf
Printed in Germany
Auf säurefreiem Papier gedruckt

ISBN 3-8017-1036-X

Geleitwort zur 1. Auflage

Das Erkennen und Dokumentieren psychopathologischer Merkmale von Krankheitswert ist nicht nur eine Sache des Nervenarztes, sondern sollte auch aus vielerlei Gründen von anderen Ärzten und Psychologen bis zu einem gewissen Grad beherrscht werden. Dazu bedarf es einer gezielten Gesprächsführung.

Seit Einführung der Psychopharmaka in den 50er Jahren und der Anwendung anderer Therapieverfahren in der Psychiatrie wurde es notwendig, Wirkungen und Nebenwirkungen dieser einzelnen Therapien im Bereich der psychopathologischen Symptomatik standardisiert zu erfassen und zu dokumentieren. Die Arbeitsgemeinschaft für Methodik und Dokumentation in der Psychiatrie (AMDP) entwickelte deshalb ein solches Dokumentationssystem, das sich schnell etablierte und heute im Bereich der Forschung und Lehre breite nationale und internationale Anwendung findet.

Bei der Arbeit mit diesem Dokumentationssystem – insbesondere bei den regelmäßig stattfindenden Psychopathologietrainingsseminaren – wurde recht bald klar, daß als Ergänzung dieses AMDP-Dokumentationssystems ein Leitfaden zur Befunderhebung der zu dokumentierenden Merkmale notwendig ist. Insbesondere psychiatrische Anfänger haben oft Mühe, psychopathologische Symptomatik in angemessener Art und dennoch erschöpfend zu explorieren.

Die von den Autoren ausgearbeiteten Fragen basieren nicht nur auf einer langjährigen Anwendung des AMDP-Dokumentationssystems und einer ca. 15jährigen Trainingsarbeit in Psychopathologie, sondern auch auf einer breiten klinisch-psychiatrischen Erfahrung. Das vorliegende Interview ist deshalb sicher nicht nur für Kollegen nützlich, die im Rahmen von Forschungsprojekten das AMDP-System anwenden, sondern kann jedem Interessierten helfen, psychiatrische Patienten zielgerichtet und dennoch einfühlsam zu befragen.

Der Interviewleitfaden wurde halbstrukturiert gestaltet, damit der Untersucher möglichst viel Freiheit bezüglich der Fragen behält und so das Gespräch mit dem Patienten möglichst „natürlich" gestalten kann. Im Idealfall sollte der Patient nicht bemerken, daß ihm vom Untersucher vorformulierte Fragen gestellt werden.

Zürich, April 1989

B. Woggon
(Vorsitzende von AMDP)

Geleitwort zur 2. Auflage

Seit Erscheinen der ersten Auflage des Interviewleitfadens zum AMDP-System und zur psychopathologischen Befunderhebung sind innerhalb der Arbeitsgemeinschaft für Methodik und Dokumentation in der Psychiatrie (AMDP) eine Reihe von Neuerungen und Weiterentwicklungen zu verzeichnen. An erster Stelle zu nennen ist die Gründung der Arbeitsgemeinschaft als eingetragener Verein (e. V.) im Jahre 1989 mit dem Ziel, verschiedene Arbeitsgruppen, die aus unterschiedlichen Perspektiven daran arbeiten, die psychiatrische Diagnostik und Methodik weiterzuentwickeln, unter einem „Dach" zu integrieren. Als eine der wichtigen Gruppen innerhalb von AMDP e. V. ist auch die AMDP-Systemgruppe zu nennen, deren Aufgabe die Weiterentwicklung und Verbesserung der psychopathologischen Befunderhebung ist. Als ein zentrales Ergebnis dieser Bemühung ist die Herausgabe der völlig überarbeiteten 5. Auflage des AMDP-Systems im Jahre 1995 zu nennen, das 1997 bereits in unveränderter 6. Auflage erschienen ist. Die hohe Akzeptanz dieser Weiterentwicklung des AMDP-Systems spiegelt sich auch in der Notwendigkeit wider, jetzt auch eine neue Auflage des Interviewleitfadens zur psychopathologischen Befunderhebung anhand des AMDP-Systems vorzulegen. Dieser soll als Ergänzung zum AMDP-System dem Anfänger wie Fortgeschrittenen Möglichkeiten einer optimalen und umfassenden psychopathologischen Befunderhebung geben. Ich wünsche dem AMDP-Manual wie dem neuen Interviewleitfaden eine ebenso große Akzeptanz und Verbreitung wie ihren Vorgängern.

München, Januar 1998   H.-J. Möller
                                            (Vorsitzender von AMDP)

Vorwort zur 1. Auflage

Das AMDP-System liegt gegenwärtig in seiner 4. Auflage (1981) vor. Seit seinem Erscheinen im Jahre 1969 sind über 400 Arbeiten allein zum deutschsprachigen System publiziert worden, in denen AMDP eingesetzt wurde resp. selbst Gegenstand der Untersuchung war. Bei den Arbeiten handelt es sich zumeist um Untersuchungen zur Reliabilität und Validität. Das Fehlen eines Interviews zur Befunderhebung des psychopathologischen und somatischen Befundes wurde immer als ein Manko angesehen. Die Art der Informationserhebung war bisher dem einzelnen Untersucher völlig selbst überlassen. Mit dem vorliegenden halbstrukturierten Interview soll versucht werden, diese Lücke zu schließen. Es hat die Intention, dem Untersucher Handlungsweisen und Vorschläge zu einer stärker vereinheitlichten Erhebung der Befunde zu vermitteln, ohne ihn zu sehr in der Gesprächsführung einzuengen.

Das Interview ist sowohl für die Praxis als auch die Forschung konzipiert worden. In der Praxis soll es dem Benutzer – unabhängig, ob die AMDP-Belege ausgefüllt werden oder nicht – Hilfestellung bei der Erstellung eines psychopathologischen Befundes geben. Im Bereich der klinischen Forschung und der Routinedokumentation soll es gewährleisten, daß alle Untersucher in etwa die gleiche Vorgehensweise bei der Informationserhebung wählen.

Dies gilt insbesondere auch für den Einsatz des AMDP-Systems in Forschungsprojekten, wobei dort insbesondere Fragen der Reliabilität von entscheidender Bedeutung sind. Das Interview ist also auch an den praktischen Bedürfnissen des Klinikers und Forschers orientiert. Aus diesem Grund wurden in den Anhang die AMDP-Syndrome mit den entsprechenden Normwerten aufgenommen. Dadurch ist es dem Anwender möglich, entsprechend seinen individuellen Bedürfnissen die mit dem Interview erhobenen Informationen weiterzuverwenden.

Brigitte Woggon und Urs Baumann haben bei der Entwicklung dieses Leitfadens durch ihre konstruktive Rückmeldung zu den verschiedenen Vorformen sehr geholfen. Frau Peitz sei für die Geduld und die sorgfältige Niederschrift des Manuskripts gedankt.

Berlin, April 1989

E. Fähndrich   R.-D. Stieglitz

Vorwort zur 2. Auflage

Das AMDP-System liegt zwischenzeitlich in der 6. Auflage vor. Es ist gegenüber der 5. Auflage unverändert. Diese 5. Auflage, die 1995 herausgegeben wurde, unterscheidet sich von ihren Vorgängern deutlich. Der psychische und somatische Befund des AMDP-Systems wurde grundlegend überarbeitet (u. a. im Hinblick auf die Präzisierung der Begrifflichkeit sowie die Ankerbeispiele für Skalenstufen). Diese Veränderung des AMDP-Systems sowie die jahrelangen Erfahrungen mit dem Interviewleitfaden zum AMDP-System machten es notwendig, auch diesen zu überarbeiten. Gegenüber der 1. Auflage wurde die allgemeine Struktur des eigentlichen Interviewleitfadens im wesentlichen unverändert gelassen und nur hinsichtlich der Fragen, Beispiele und Veranschaulichungen der Informationserhebung Veränderungen vorgenommen. Grundlegend überarbeitet wurde der theoretische Teil des Interviewleitfadens aufgrund der vielfältigen Entwicklung im Bereich der psychiatrischen Diagnostik in den letzten Jahren.

In die Bearbeitung dieses Interviewleitfadens sind nicht nur unsere eigenen Überlegungen eingeflossen, sondern insbesondere auch die zahlreichen Anregungen von anderen. Danken möchten wir vor allem den Mitgliedern der AMDP-Systemgruppe sowie den Teilnehmern der zahlreichen AMDP-Trainingsseminare, die seit Erscheinen des Leitfadens durch engagierte Diskussionen und Fragen wichtige Anregungen zur Überarbeitung des Leitfadens beigetragen haben.

Frau Sabine Herbst, Frau Edith Motschall, Frau Dipl.-Psych. Margarete Dietl sowie Herrn cand. psych. Ulrich Ebner danken wir für die engagierte wie kompetente Unterstützung bei der Erstellung des Manuskripts.

Berlin und Freiburg, Januar 1998

E. Fähndrich   R.-D. Stieglitz

Inhaltsverzeichnis

1 Psychopathologische Befunderhebung

1.1 Funktion

Unter **Psychopathologie** versteht man nach Mombour (1996) die Lehre von den krankhaften Veränderungen des Seelenlebens. Diese manifestieren sich als einzelne Symptome oder in komplexen Erlebens- und Verhaltensänderungen. Beide können in einem Zuviel oder Zuwenig der normalen psychischen Funktionen bestehen. Die einzelnen psychopathologischen Symptome lassen sich meist in zusammengehörige Merkmalsbereiche gruppieren. Im AMDP-System (AMDP, 1995, 1997) werden folgende Bereiche zugrundegelegt: Bewußtseinsstörungen, Orientierungsstörungen, Aufmerksamkeits- und Gedächtnisstörungen, formale Denkstörungen, Befürchtungen und Zwänge, Wahn, Sinnestäuschungen, Ich-Störungen, Störungen der Affektivität, Antriebs- und psychomotorische Störungen, circadiane Besonderheiten sowie eine Restgruppe, die mit Andere Störungen bezeichnet wird. Ergänzend dazu werden somatische Symptome auf einem eigenen Befundbogen dokumentiert.

Ziel der Psychopathologie ist es, am Patienten beobachtbare oder explorierbare seelische Sachverhalte systematisch zu beschreiben, also ein reliables und valides Begriffssystem für z. B. depressive oder paranoide Zustände bereitzustellen. Dieses Vorgehen wird auch als sogenannte **deskriptive Psychopathologie** bezeichnet (vgl. hierzu auch Hoff, 1995, 1997).

Mit der **Erhebung eines psychopathologischen Befundes** sollen all diejenigen psychischen Merkmale und Symptome erfaßt werden, die für die Kennzeichnung der aktuellen psychischen Störung bedeutsam sind. Während die Psychopathologie den Querschnitt oder den Verlauf abbildet, sagt sie allein nichts Definitives über Ätiologie und Pathogenese der zugrundeliegenden Störung aus (Freyberger et al., 1996; Stieglitz & Freyberger, 1998). Neben der **Deskription** hat der psychopathologische Befund auch eine **evaluative Funktion**, indem z. B. der Therapieverlauf und damit die Effektivität einer therapeutischen Intervention überprüft werden kann. Dies kann sowohl auf Symptomebene als auch auf Syndromebene erfolgen. Zudem dient die psychopathologische Befunderhebung auch als Grundlage für die **Diagnosenstellung** (vgl. hierzu auch Stieglitz et al., 1997).

1.2 Psychiatrische Gesprächsführung

Eine adäquate psychiatrische Gesprächsführung ist eine notwendige Voraussetzung für eine reliable und valide Erhebung des psychopathologischen Befundes. Gerade für Anfänger in diesem Bereich ist dies oft schwierig und sollte daher auch einen wesentlichen Bestandteil der Ausbildung in Psychopathologie darstellen. Es gibt keine generellen Strategien der Gesprächsführung und auch kein Patentrezept, jedoch einige allgemeine Regeln, die es zu berücksichtigen gilt (vgl. hierzu auch Othmer & Othmer, 1994; Dittmann, 1996; Stieglitz & Freyberger, 1998). Hierzu zählen u. a. Aufmerksamkeit, Zuwendung, das aktive und interessierte Zuhören, das bedingungsfreie Akzeptieren, eine freundlich-zugewandte Aufnahme der Äußerungen des Patienten sowie die Vermittlung von Hoffnung.

Hinweise auf eine wenig professionelle Gesprächsführung ergeben sich bei folgenden, häufig zu beobachtenden **Fehlern** (Kind, 1997):
— Dem Patienten wird die Führung und die Kontrolle des Gesprächs überlassen, weshalb dann bestimmte Problembereiche gar nicht angesprochen werden.
— Es werden schwierige und zum Teil „peinliche" Bereiche oder Themen zu Beginn des Gesprächs angesprochen. Dies setzt jedoch ein Vertrauensverhältnis voraus, das sich erst im Laufe des Gesprächs oder über mehrere Gespräche hinweg entwickeln kann.
— Abstrakte und zu intellektuelle Fragen können zu einer Überforderung des Patienten führen.
— Oft wird ein Kommunikationsstil angewandt, der für den Gesprächsverlauf als nicht förderlich anzusehen ist, wie z. B. Suggestivfragen, abrupte Themenwechsel, zu lange Pausen.

Solche und viele andere Fehlerquellen können durch den Einsatz diagnostischer Hilfsmittel reduziert werden. Der in Kapitel 4 vorgestellte Interviewleitfaden soll dazu dienen.

1.3 Fehlerquellen im diagnostischen Prozeß

Neben dem im vorangegangenen Abschnitt aufgeführten allgemeinen Problemen der psychiatrischen Gesprächsführung werden in der Literatur insbesondere sogenannte **Fehler- oder Varianzquellen** im diagnostischen Prozeß diskutiert, die auch im Hinblick auf die Erhebung des psychopathologischen Befundes von großer Bedeutung sind (vgl. Stieglitz & Freyberger, 1998). Hervorzuheben sind hier insbesondere die Fehlerquellen **Informationsvarianz** und **Beobachtungsvarianz**. Informationsvarianz bedeutet, daß verschiedenen Untersuchern unterschiedliche Informationen zum Patienten und zu seiner Erkrankung zur Verfügung stehen. Die Beobachtungsvarianz beinhaltet, daß verschiedene Untersucher zu unterschiedlichen Beurteilungen über das Vorhandensein und gegebenenfalls auch die Graduierungen von bestimmten Symptomen kommen. Die Bedeutung dieser Fehlerquellen konnte in einer Reihe von Studien belegt werden. So wurde bereits in den 60er Jahren in der Arbeitsgruppe um Beck (vgl. Beck et al., 1962; Ward et al., 1962) festgestellt, daß bei etwa 30 % der Urteile Unterschiede in der Befragungstechnik (= Informationsvarianz) und Bewertung der Symptome (= Beobachtungsvarianz) für mangelnde diagnostische Übereinstimmungen verantwortlich gemacht werden konnten. Wittchen (1993) kam zu ähnlichen Ergebnissen. Auch er fand, daß vor allem Unterschiede in der Auswahl und der Formulierung von Symptomfragen für 60 % der beobachteten Inkonsistenzen zwischen Urteilern verantwortlich gemacht werden konnten. Nur 9 % der Inkonsistenzen waren auf das Antwortverhalten der Patienten zurückzuführen.

Zur Kontrolle und Beseitigung dieser Fehlerquellen sind verschiedene Strategien möglich. Zur zuverlässigen Erfassung auf Symptomebene bietet sich z. B. die Verwendung eines Glossars mit der Auflistung und Definition psychopathologischer Merkmale an, wie es mit dem AMDP-System vorliegt (AMDP, 1997; vgl. auch Abschnitt 1.5).

Schwierigkeiten bei der Symptomerfassung können jedoch nicht nur dadurch entstehen, daß bestimmte Definitionen unscharf sind, sondern insbesondere, wie die oben aufgeführten Arbeiten gezeigt haben, in unterschiedlichen Fragetechniken des Diagnostikers (Informationsvarianz) begründen liegen. Hier bietet sich der Einsatz von sogenannten Interviewverfahren an, auf die nachfolgend kurz eingegangen werden soll.

1.4 Hilfsmittel zur psychopathologischen Befunderhebung

In Anlehnung an Kessler (1988) versteht man unter einem Interview eine zielgerichtete mündliche Kommunikation zwischen einem Befrager (hier: Arzt oder Psychologe) und einem Befragten (hier: Patient), wobei eine Informationssammlung über das Verhalten und Erleben der befragten Person im Vordergrund steht.

Interviewverfahren gehören mittlerweile insbesondere im Bereich der psychiatrischen Forschung fast schon zur Routine und haben dort bereits eine lange Tradition, insbesondere in Studien zur psychiatrischen Epidemiologie. Als diagnostische Verfahren haben sie jedoch erst in den letzten Jahren an Bedeutung gewonnen, was sich mit einer Vielzahl neu – resp. weiterentwickelter Interviewansätze belegen läßt (vgl. im Überblick Wittchen, 1994).

Bezüglich des Ausmaßes der Strukturierung und Standardisierung (beide Begriffe werden in der Literatur z.T. synonym gebraucht) lassen sich verschiedene **Arten von Interviews** unterscheiden. Nach Wittchen et al. (1988) werden bei **strukturierten Verfahren** verbale Informationen systematisiert bei größtmöglicher Kontrolle der Befragung, wobei Wortlaut der Fragen, Reihenfolge und Antwortkategorien im wesentlichen festgelegt sind. Die Entscheidung hinsichtlich des Vorliegens eines Symptoms werden i. d. R. jedoch aufgrund der klinischen Einschätzung des Urteilers vorgenommen. Bei **standardisierten Verfahren** sind alle Ebenen der Informationssammlung genau festgelegt (von der Formulierung und Reihenfolge der Fragen über die Kodierung bis hin zur Auswertung). Die Beurteilungen bei standardisierten Interviews basieren hier fast ausschließlich auf den Angaben des Patienten, d. h. der Interviewer hat praktisch keinen eigenen Gestaltungs- und Entscheidungsspielraum mehr. Man kann somit von einem Kontinuum von einem freien klinischen Interview über eine strukturierte Befragung bis hin zu einer voll standardisierten Befunderhebung ausgehen.

Gemeinsam ist allen Interviewverfahren der Versuch, die bei einer freien Befunderhebung auftretenden Fehlerquellen, insbesondere sogenannte **Urteilsfehler** (vgl. hierzu auch Stieglitz & Ahrens, 1994), zu reduzieren.

Jedes Verfahren ist mit **Vor- und Nachteilen** verbunden. So gaben z. B. in einer Studie von Helzer (1981) zu einem strukturierten Interview 66 % der Befragten einen größeren Zeitbedarf zur Informationssammlung an; 60 % meinten jedoch gleichzeitig auch, diese Informationen vollständiger erhoben zu haben als in einem freien Interview. Saghir (1971) konnte für die freie Exploration zeigen, daß die Aufmerksamkeit sehr stark auf das vordergründige Beschwerdenbild fixiert wird und bedeutsame andere Bereiche nicht erfaßt werden.

Die Einführung und der Einsatz von Interviews hat vorrangig zum Ziel, die Güte der erhobenen diagnostischen Informationen zu verbessern. Nach Kessler (1988) lassen sich jedoch die Gütekriterien von psychologischen Tests (Objektivität, Reliabilität, Validität; vgl. auch Lienert & Raatz, 1994) nicht ohne weiteres auf Interviews übertragen, da wegen der Komplexität des Interaktionsgeschehens mehrere Subformen der jeweiligen Gütekriterien getrennt zu bewerten sind, zumal die globale Frage nach z. B. *der* Reliabilität oder Validität des Interviews ebenso wenig sinnvoll ist, wie diejenige nach *der* Reliabilität oder Validität eines Tests.

Standardisierte Interviews stoßen trotz nachgewiesener höherer Reliabilität im klinischen Setting oft auf Widerstand (Wittchen et al., 1988). Bei Standardisierungsbemühungen sind daher verschiedene Aspekte zu berücksichtigen:

- Praktikabilität,
- Akzeptanz des Ansatzes für den Kliniker,
- Gefahr des Verlusts der klinischen Relevanz (z. B. wenn Fragen keine „ökologische Validität" mehr aufweisen).

Für eine Reihe bereits seit vielen Jahren existierender Fremdbeurteilungsverfahren wurden in den letzten Jahren ergänzend (halb-)strukturierte Interviews entwickelt, um auch hier die Informationserhebung zu verbessern. In Tabelle 1 sind exemplarisch einige dieser Interviews aufgeführt. Am bekanntesten ist sicherlich das von Williams (1988) für die Hamilton-Depressions-Skala (HAMD) entwickelte Interview (Deutsche Adaptation: Kasper & Stieglitz, 1992). Als jüngstes Verfahren in diesem Bereich kann das Interview zur Bech-Rafaelsen-Melancholie-Skala (BRMS) von Stieglitz et al. (1998) angesehen werden, das in enger Anlehnung an den Interviewleitfaden zum AMDP-System entwickelt worden ist.

Erste Ergebnisse von Williams (1988) sowie Stieglitz et al. (1998) weisen darauf hin, daß sich durch solche Interviews Reliabilitätsverbesserungen erzielen lassen. Die Durchführung ist i. d. R. leicht erlernbar. Der Prozeß der Informationserhebung dauert zudem meist nicht länger als beim freien klinischen Interview, ist jedoch mit einem höheren Grad an Präzision und Vollständigkeit verbunden.

Während sich die meisten Interviews auf eindimensionale Verfahren aus dem Depressionsbereich beziehen, liegt mit dem Interviewleitfaden zum AMDP-System das einzige deutschsprachige Verfahren vor, das ein weites Spektrum klinisch bedeutsamer Phänomene zu erfassen erlaubt.

Tabelle 1:
Interviews für Fremdbeurteilungsverfahren (Beispiele)

Verfahren	Interview
AMDP-System	Interviewleitfaden zur Erfassung des psychopathologischen Befundes von Fähndrich und Stieglitz
Bech-Rafaelsen-Melancholie-Skala (BRMS)	Interviewleitfaden zur BRMS von Stieglitz et al.
	Modified Hamilton Rating Scale for Depression von Miller et al.
Hamilton-Depressions-Skala (HAMD)	Structured Interview Guide for the Hamilton Depression Scale von Klerman et al.
	Structured Interview Guide for the Hamilton Depression Scale (SIGH-D) von Williams
	Structured Interview Version of the Hamilton Depression Rating Scale (SI-HDRS) von Potts et al.
	Structured Interview Version of the Hamilton Rating Scale for Depression von Wishman et al. als Teil des Diagnostic Interview Schedule (DIS)

nähere Angaben zu den Verfahren siehe Stieglitz und Ahrens (1994), Stieglitz et al. (1998)

1.5 Psychopathologische Befunderhebung mit dem AMDP-System

AMP/AMDP blickt bereits auf eine längere Geschichte zurück (vgl. Fähndrich et al., 1983; Fähndrich & Woggon, 1997). Anfänge der Entwicklung sind seit Ende der 50er, Anfang der 60er Jahre zu erkennen. Die Bemühungen führten 1969 zur Herausgabe des AMP-Systems (Angst et al., 1969). 1971 wurde das erste AMP-Manual (Scharfetter, 1971) herausgegeben, 1979 die revidierte Fassung unter der veränderten Bezeichnung AMDP-System in 3. Auflage publiziert (AMDP, 1979). 1995 erschien die 5., völlig überarbeitete Auflage, die 1997 als 6. Auflage nachgedruckt wurde. Die **jetzt gültige Auflage** unterscheidet sich gegenüber der 4. Auflage durch eine gründliche Überarbeitung in den Bereichen des psychischen und somatischen Befundes. Für die Belege „Psychischer" und „Somatischer" Befund (Beleg 4 und 5) wurden alle Merkmale nach einer einheitlichen Struktur dargestellt (Definition, Erläuterungen und Beispiele, Hinweise zur Graduierung, abzugrenzende Merkmale). Veränderungen der Definitionen wurden vor allem aufgrund zahlreicher Diskussionen in Seminaren und innerhalb der AMDP-Trainergruppe präzisiert, ohne daß die traditionelle Grundlage der deskriptiven Psychopathologie verlassen wurde. Erläuterungen und Beispiele sollen die Definitionen plastischer erscheinen lassen und so zur Verbesserung der Interrater-Reliabilität beitragen. Erstmals werden Angaben zur Quantifizierung gemacht, wobei der Versuch unternommen wird, Schwellen anzugeben, ab wann ein Merkmal überhaupt markiert werden sollte („leicht") und ab wann es als „schwer" anzusehen ist. Die Hinweise auf abzugrenzende Merkmale sollen den Untersucher veranlassen, sich bei der Beurteilung eines einzelnen Symptoms zu vergewissern, ob tatsächlich der beobachtete Sachverhalt gemeint ist oder nicht ein verwandtes Phänomen (z. B. eingeengtes Denken versus grübeln oder Zwangsdenken).

Psychiatrische Forschung und Praxis ist darauf angewiesen, den Menschen ganzheitlich zu erfassen, d. h. auf allen Betrachtungsebenen (z. B. psychologische, biologische) gleichzeitig. Dies setzt voraus, daß für jede Ebene eine exakte Sprache zur Verfügung steht. Mit dem AMDP-System existiert eine derartige Fachsprache, die die psychologische Datenebene des psychiatrischen Sektors mittels Fremdbeurteilung oder sogenanntem Rating exakter zu erfassen erlaubt.

Die Handlungsstruktur eines Ratings ist in Anlehnung an Baumann und Seidenstücker (1977) in bezug auf das AMDP-System in Tabelle 2 nochmals zusammenfassend dargestellt.

Tabelle 2:

Bestimmungselemente von Ratings bezogen auf das AMDP-System
(nach Baumann & Seidenstücker, 1977;
aus Baumann & Stieglitz, 1983, S. 5)

Berechnungs-elemente	Beispiele	AMP/AMDP-System
Rater/ Beurteiler	Therapeut, Pflegepersonal, Bezugsperson ...	Arzt, Psychologe
Situation	natürlich bis konstruiert; undurchschaubar bis durchschaubar	konstruiert, durchschaubar
Reaktions-ausschnitt	Erlebnisweisen, Verhaltensweisen; aktuell, vergangen	Erlebnis- und Verhaltensweisen, Leistungsmerkmale, aktuell und vergangen
Reaktions-stichprobe	unspezifiziert; unsystematisch bis systematisch (Ereignisstich- oder Zeitstichproben)	global spezifiziert (z. T. Zeitbereich), unsystematisch
Kodierungs-regel	unspezifiziert bis explizit	z. T. explizit (Manual)
Beurteilter Parameter	Häufigkeit, Dauer, Intensität	Integral von Häufigkeit, Dauer, Intensität
Beobach-tungs-einheit	beobachtbar bis erschließbar; einzelheitlich bis global	beobachtbar, erschließbar; einzelheitlich, global
Skalierungs-form	numerisch, graphisch, semantisch	semantisch (nicht vorhanden – schwer; keine Aussage)
Zeitrelation zwischen Urteil und Reaktions-ausschnitt	simultan oder retrognostisch	gleich nach Interview
Auswertungs-regeln	unspezifiziert bis spezifiziert	eher unspezifiziert, bei Syndromen spezifiziert
Aussage	Klassifikation, Status-diagnostik, Veränderungs-diagnostik, Prognose	Statusdiagnostik, indirekt auch Veränderungsdiagnostik

Die Ausgestaltung der einzelnen Elemente beeinflußt die Güte (Reliabilität) eines Ratingsystems. Je höher der Formalisierungsgrad in den einzelnen Aspekten, desto besser die Reliabilität. Der Präzisionsgewinn wird jedoch teilweise durch Beeinträchtigung der Validität erkauft. Beim AMDP-System wird versucht, einen mittleren Weg einzuschlagen, d. h. den Formalisierungsgrad nicht zu extrem zu gestalten (vgl. im Detail Baumann & Stieglitz, 1983). So war bisher die Datengewinnung offen, d. h. es gab bisher keine Vorgaben (Reaktionsstichprobe wenig systematisiert). Fragestil, -form und -reihenfolge waren dem einzelnen Untersucher überlassen, was sicherlich mit zu den zum Teil geringen Reliabilitäten auf Itemebene beigetragen hat (vgl. hierzu auch Baumann & Stieglitz, 1983). So fanden bereits Busch und Vogel (1977) beim Vergleich der Übereinstimmung zwischen freiformulierten psychopathologischen Aufnahmebefunden mit den AMP-Belegen nur eine Übereinstimmung von ca. 35 %. Sie führten diese Diskrepanzen u. a. auf eine möglicherweise ungenaue Exploration zurück. Mit dem vorliegenden Interviewleitfaden soll versucht werden, Probleme in diesem Bereich zu reduzieren.

Ratingverfahren lassen sich jedoch nicht beliebig in ihrer Reliabilität erhöhen, da mindestens vier Einflußfaktoren relevant sind: Meßinstrument, Rater, Patient und die Interaktion Rater x Patient. Insbesondere die Interaktion läßt sich nicht so normieren, daß für Beurteiler und Patient keine oder wenig Spielraum offen bleibt. Dies gilt auch für das voll standardisierte Interview, bei dem das Patientenverhalten durch den Interviewer dennoch beeinflußt wird (z. B. wie werden Fragen vorgetragen, wie reagiert er auf Nachfragen). Es läßt sich somit keine Verbesserung der formalen Genauigkeit erreichen, ohne auf die Vorteile einer Interaktion zu verzichten. Beim AMDP-System lassen sich jedoch verschiedene Bestimmungsstücke des Ratings verbessern, ohne den ursprünglich gesetzten Rahmen zu verlassen (Erfassung der Psychopathologie in einem Gespräch). Dies kann z. B. durch ein Interview erfolgen, was die Reaktionsebene betrifft.

Seit der ersten Veröffentlichung hat das System eine weite Verbreitung gefunden sowohl im deutschsprachigen Bereich als auch auf internationaler Ebene (vgl. im Überblick Bobon, 1983). Das System hat dabei nicht nur im Bereich der **Forschung** Akzeptanz gefunden, sondern insbesondere auch im Bereich der

klinischen Anwendung (Haug & Stieglitz, 1997). In den letzten Jahren ist daher auch eine deutliche Zunahme der Nutzung des AMDP-Systems in diesem Bereich festzustellen. So wird z. B. das System in verschiedenen Büchern zur psychiatrischen Untersuchung als wichtiges Hilfsmittel der Befunderhebung herausgestellt (z. B. Neumann et al., 1984; Kind, 1997), als Strukturierungshilfe im Rahmen von Lehrbüchern verwandt (Möller et al., 1996; Freyberger & Stieglitz, 1996; Gastpar et al., 1996) sowie ebenso in Übersichten zu psychiatrischen Erhebungsinstrumenten aufgeführt (z. B. AMDP & CIPS, 1990; CIPS, 1996).

Diese große Akzeptanz liegt einerseits in der Orientierung des Systems an der klassischen Psychopathologie begründet (vgl. Scharfetter, 1983) und hängt andererseits mit der „AMDP-Philosophie" zusammen, die gesamte Breite der Psychopathologie und nicht nur einzelne Teilaspekte zu beurteilen.

Weitere **Möglichkeiten und Vorteile** (vgl. u. a. Fähndrich, 1979) sind:
– Ausbildung in Psychopathologie,
– Vereinheitlichung des psychopathologischen Verständnisses der „Psychiater unterschiedlicher Schulen",
– Hilfe bei der Diagnosenfindung und -stützung,
– vergleichbare Dokumentation des Krankheits- und Therapieverlaufs,
– Bereitstellung eines Datenpools (Datenbank) für spezielle wissenschaftliche Fragestellungen und
– Möglichkeit zur multizentrischen Forschung.

Das AMDP-System hat in den letzten Jahren vor allem durch Entwicklungen im Bereich der Aus- und Weiterbildung sowie im Zusammenhang mit Überlegungen zur Qualitätssicherung weiter an Bedeutung gewonnen. So wird im Rahmen der **Facharztweiterbildung** empfohlen, psychopathologische Kenntnisse durch Teilnahme an AMDP-Trainingsseminaren zu erwerben, wozu auch die Vermittlung von Gesprächstechniken gehört (Berger & Stieglitz, 1997).

Auch im Kontext der zunehmenden Bedeutung der **Qualitätssicherung** für die klinische Praxis zeigen sich Möglichkeiten des AMDP-Systems. Mit der Forderung der Dokumentation der Prozeß- und Ergebnisqualität gilt es zu zeigen, daß adäquate diagnostische Maßnahmen zur Anwendung gekommen sind (Prozeßqualität) und daß durch die Behandlung klinisch bedeutsame Veränderungen erreicht werden konnten (Ergebnisqualität). Unter beiden Aspekten kann dem AMDP-System eine wichtige Funktion zukommen, was sich auch darin ausdrückt, daß das System als fakultatives Instrument im Rahmen der Basisdokumentation der Deutschen Gesellschaft für Psychiatrie, Psychotherapie und Nervenheilkunde (DGPPN) empfohlen wird (Cording et al., 1995). Über konkrete Erfahrungen in der Anwendung in diesem Bereich berichten Schaub et al. (1997).

Auf die unterschiedlichen **diagnostischen Anwendungsmöglichkeiten** des AMDP-Systems wurde von Stieglitz et al. (1997) hingewiesen. Dies betrifft die Möglichkeit der Diagnostik auf Symptom- und Syndromebene als wesentlichen Aspekt. Jedoch konnte auch gezeigt werden, daß mit Hilfe des AMDP-Systems für einige der in den aktuellen Klassifikationssystemen aufgeführten Störungsgruppen auch eine klassifikatorische Diagnostik möglich ist (z. B. depressive Störung, manische Störung, schizophrene Störung, dementielle Störung; vgl. Haug & Stieglitz, 1997).

Die Synopsis der bisher vorliegenden Arbeiten zum System zeigt zudem, daß das AMDP-System im Hinblick auf eine Vielzahl psychometrisch-methodischer wie inhaltlich-pragmatischer Kriterien als überprüft und hinreichend abgesichert angesehen werden kann (vgl. Baumann & Stieglitz, 1989, 1997). Dies betrifft vor allem die vielfältigen Validitätsbelege des Systems, d. h. Hinweise auf zahlreiche Anwendungsbereiche.

2 Entwicklung des Interviewleitfadens

2.1 Hintergrund

Klinische Erfahrungen und empirische Studien haben wiederholt zeigen können, daß ein **freies Interview** den Merkmalsbestand des AMDP-Systems mit seinen 100 psychischen und 40 somatischen Symptomen oft nur unzureichend erfaßt. Dabei wurde immer wieder beobachtet, daß Symptome nicht oder nur unzureichend exploriert wurden, so daß eine zuverlässige Entscheidung über das Vorliegen oder Nicht-Vorliegen sowie die Graduierung eines Symptoms kaum möglich war. Aufgrund dieser Erfahrungen und der in den vorausgehenden Abschnitten besprochenen möglichen Fehlerquellen im diagnostischen Prozeß wurde für das AMDP-System ein sogenanntes **halbstrukturiertes Interview** gewählt.

Unter einem halbstrukturierten Interview wird dabei eine Vorgehensweise verstanden, bei der Inhalte, Umfang und Art der Fragen festgelegt werden. Es erlaubt jedoch dem Untersucher eine **situationsangepaßte Exploration**:
– Veränderung des Wortlauts einzelner Fragen,
– Erläuterung von Fragen,
– Auslassen von Fragen, wenn diese bereits beantwortet wurden,
– Zusatz- und Ergänzungsfragen,
– Nachfragen sowie
– Veränderung der Reihenfolge der Fragen (Anpassung an den Gesprächsverlauf).

Der Begriff „halbstrukturiert" wurde zudem gewählt, um eine Abgrenzung zu den im Bereich der klassifikatorischen Diagnostik eingesetzten Verfahren zu erreichen, deren Strukturierungsgrad größer ist (vgl. hierzu auch Stieglitz & Freyberger, 1998).

Für das AMDP-System wurde ein derartiger halbstrukturierter Interviewleitfaden zudem aus folgenden Gründen gewählt:

- Anwendbarkeit des Interviews auch in der klinischen Routine,
- Freiraum für den Patienten im Gespräch zu lassen sowie
- Vermeidung einer künstlichen Befragungssituation.

Mit dem vorliegenden Interview soll somit die Möglichkeit einer verbesserten Informationserhebung erreicht werden, verbunden mit den Vorteilen einer relativ freien Exploration.

2.2 Vorüberlegungen

Bei der Konstruktion wurden die allgemeinen Überlegungen von Hron (1982) und Bortz (1984) zur Entwicklung von Interviews zugrundegelegt. Bei der Formulierung der Fragen wurde versucht, sich möglichst an die Definitionen der Begriffe im Manual (AMDP, 1981 und 1997) zu halten. Bezüglich der Art der Fragen werden in der Literatur unterschiedliche Typen genannt (vgl. u. a. Bellebaum, 1976; Hron, 1982). Im vorliegenden Interview wurden in der Regel sogenannte **offene Fragen** (vgl. Hron, 1982; Othmer & Othmer, 1994) gewählt, d. h. der Patient unterliegt keinerlei Beschränkung hinsichtlich seiner Antwort. Inhalt, Form, Spezifität und Ausführlichkeit der Antwort liegen ganz in seinem Ermessen. In seltenen Fällen wurden **geschlossene Fragen** (z. B. Alternativfragen) vorgegeben, deren positive Beantwortung jedoch weiter exploriert werden muß.

Außerdem wurde versucht, entsprechend den Vorschlägen von Hron (1982) und Schmidt und Kessler (1976) vorzugehen, d. h.
- einfache Formulierungen zu verwenden,
- eindeutige Fragen zu stellen,
- den Befragten mit dem Inhalt der Frage nicht zu überfordern,
- konkrete statt allgemeine Fragen zu stellen,
- neutrale statt suggestive Fragen zu stellen,
- die Alltagssprache zu verwenden,
- keine doppelten Verneinungen zu verwenden,
- keine Fachausdrücke oder Fremdworte zu benutzen und
- die Fragen anschaulich zu formulieren.

2.3 Entwicklungsschritte

Das Interview wurde konzipiert aufgrund
- der Analyse zahlreicher Interviews zur Erhebung des psychopathologischen und somatischen Befundes mit dem System,
- der Durchführung einer Vielzahl von Trainingsseminaren und der dortigen Diskussionen zum AMDP-System und
- nicht zuletzt jahrelanger eigener Erfahrungen mit dem AMDP-System.

Hinzugezogen wurden weiterhin Hinweise aus Lehrbüchern (Bleuler, 1983; Tölle, 1996; Andreasen & Black, 1992), Leitfäden psychiatrischer Untersuchungen (Neumann et al., 1984; Kind, 1997) sowie Glossarien psychopathologischer Begriffe (Scharfetter, 1985).

Die Fragen wurden entsprechend den AMDP-Merkmalsbereichen (vgl. Kapitel 4) gruppiert. Jeder Bereich beginnt mit einer Einstiegsfrage, in der zunächst der zu erfragende Sachverhalt erläutert wird.

Bei der Strukturierung der Abfolge der Merkmalsbereiche und Einzelfragen wurde auf ein lineares Vorgehen nach einem festen Ablaufschema zugunsten eines **verzweigten Vorgehens** verzichtet (vgl. zur Definition Schmidt & Kessler, 1976), d. h. mit einer möglichst großen Ähnlichkeit zu einer natürlichen Gesprächssituation, in welcher verschiedene Wege gegangen werden können. Jeder Merkmalsbereich kann als möglicher Einstieg in das Interview dienen. Das weitere Vorgehen ist frei und ergibt sich aus dem Gesprächsverlauf.

Der Interviewleitfaden der 1. Auflage wurde verschiedenen Experten (Brigitte Woggon und Urs Baumann) zur Korrektur vorgelegt. Die jetzt vorliegende Auflage wurde gleichfalls von einer Reihe von AMDP-Erfahrenen bewertet und psychiatrischen Experten mit der Bitte um Rückmeldung gegeben. Ihre Anregungen sind mit in die jetzt vorliegende überarbeitete Auflage eingeflossen.

2.4 Aufbau und Struktur

Das Interview gliedert sich in einen freien Teil zu Beginn des Gesprächs, den halbstrukturierten Interviewteil sowie einen freien Schlußteil (vgl. auch Tabelle 3).

Tabelle 3:
Aufbau des Interviewleitfadens

Teile	Ziel
Beginn des Gesprächs	Information über Ziel des Gesprächs, Aufbau einer Beziehung zum Patienten, freie und spontane Schilderung der Symptomatik
Halbstrukturierter Interviewteil	Systematische Erfassung der Symptome der AMDP-Merkmalsbereiche
Schlußteil	Synopsis der Symptomatik, Möglichkeit des Patienten, weitere für ihn wichtige Beschwerden und Probleme anzusprechen

Der **freie Teil** dient der Kontaktaufnahme zum Patienten („warming up"), der Information des Patienten über das Ziel des Gesprächs sowie dem Einstieg in seine momentane Problematik/Symptomatik. Es soll zudem beim Patienten das Interesse am Gespräch geweckt und eventuelle Hemmungen abgebaut werden. Bei Aufzeichnung des Gesprächs (z. B. Video) ist eine Erläuterung über Sinn und Zweck der Aufnahme notwendig. Weiterhin muß das schriftliche Einverständnis des Patienten eingeholt werden.

Dem Patienten sollte zunächst Gelegenheit gegeben werden, völlig frei über seine Beschwerden und Beeinträchtigungen zu berichten, d. h. er sollte selbst entscheiden können, welche und in welcher Weise er seine Probleme vorträgt. Der Interviewer bekundet in dieser Phase sein Interesse, ohne jedoch detailliert nachzufragen oder zu unterbrechen. Später dann werden die einzelnen Merkmalsbereiche unter Bezugnahme auf die bereits berichteten Beschwerden gezielt exploriert.

Es ist darauf zu achten, was der Patient spontan berichtet, was ihn bewegt und was nicht. Auf seiten des Untersuchers geht es darum, dem Patienten zu vermitteln, seine geschilderten Beschwerden verstehen zu wollen.

16

Bei Patienten, die sich weder krank fühlen, noch freiwillig an einem Gespräch teilnehmen, sollte dieser freie Teil („warming up"), der in der Regel nicht länger als fünf Minuten dauert, deutlich verlängert werden, um in eine Beziehung mit dem Patienten zu gelangen, die es ihm ermöglicht, auch gezielte Fragen zu beantworten. Wie man mit mißtrauischen, ablehnenden Patienten in ein exploratives Gespräch kommt, kann man nicht „aus einem Buch" erlernen. Dies bedarf eines gezielten Trainings am Beispiel eines erfahrenen Vorbildes oder mit Hilfe von Videoaufnahmen im Rahmen der psychiatrischen Ausbildung.

Hinsichtlich des **Beginns des eigentlichen Interviews** (Interviewteil) lassen sich zwei Fälle unterscheiden:

(1) Erstinterview

Bei der ersten Kontaktaufnahme zum Patienten empfiehlt es sich, die Anfangsphase des Interviews etwas länger zu halten. Zunächst sollte der Sinn und Zweck des Interviews erläutert werden (z. B. „Ich möchte Ihnen jetzt einige Fragen zu Ihrem Befinden und Problemen stellen, um Sie besser verstehen zu können").

Die Exploration bei **stationär behandelten Patienten** kann dann mit folgenden Fragen eröffnet werden:
– „Was für einen Grund gab es für die Aufnahme?"
– „Warum sind Sie zu uns gekommen?"

Bei **ambulant behandelten Patienten** wären folgende Fragen möglich:
– „Warum sind Sie zu mir gekommen?"
– „Was war der Grund, weshalb Sie zu mir gekommen sind?"
– „Welche Beschwerden und Probleme führen Sie zu mir?"

(2) Wiederholungsinterview

Auch hier bedarf es einer kurzen Erläuterung über den Sinn und eines Hinweises darauf, warum das Gespräch nochmals durchgeführt wird und gleiche Fragen eventuell noch einmal gestellt werden (z. B. „um zu sehen, was sich verändert hat").

Die **gezielte Exploration kann** mit folgenden Fragen eingeleitet werden:
– „Wie ist es Ihnen in den letzten Tagen gegangen?"
– „Welche Beschwerden hatten Sie in den letzten (...) Tagen?"

Es ist insbesondere immer wieder darauf zu achten, daß sich der Patient darüber im klaren ist, auf welchen **zeitlichen Bezugsrahmen** (Beurteilungszeitraum) sich die Symptom- und Beschwerdenschilderung erstrecken soll. Unter Umständen ist dies mehrfach während des Interviews zu wiederholen, wenn der Eindruck entsteht, daß der Patient nicht mehr weiß, ob er z. B. die letzten acht Tage als Bezugsrahmen nehmen soll oder ob er überhaupt über Beschwerden berichten soll, die er jemals gehabt hat. Die Festlegung des Beurteilungszeitraumes richtet sich nach dem Zweck der Untersuchung und kann daher variieren. Dieser wird bei einer Dokumentation des Aufnahmebefundes größer sein als z. B. im Rahmen einer Therapiestudie. Liegen keine speziellen Fragestellungen vor, werden die letzten 3–4 Tage als Beurteilungszeitraum empfohlen (vgl. auch AMDP, 1997).

Die spontan berichteten Beschwerden dienen dann als Ausgangspunkt und Einstieg für die **gezielte Exploration** (halbstrukturierter Interviewteil). Im Interview ist jeder Merkmalsbereich in drei Teile gegliedert: Allgemeine Vorbemerkungen, Einstiegsfragen und spezielle Fragen zu den Symptomen.

(1) Allgemeine Vorbemerkungen

In den allgemeinen Vorbemerkungen finden sich besonders zu beachtende Punkte des jeweiligen Merkmalsbereichs. Dies betrifft z. B. Hinweise auf eventuell schwierige Punkte in der Befragung oder welche Informationsquellen besonders zu berücksichtigen sind.

(2) Einstiegsfragen

Für jeden Merkmalsbereich werden spezielle Fragen formuliert, die den Einstieg in diesen erleichtern sollen. Sie sind als Hilfe und Anregung gedacht, sind jedoch nicht verbindlich.

Bei den Einstiegsfragen handelt es sich meist um offene Fragen, um den Patienten zu ermutigen, seine Erfahrungen und sein Erleben in eigenen Worten zu beschreiben.

Die Einstiegsfrage kann bei einigen Merkmalsbereichen jedoch auch die Funktion einer sogenannten **„Filterfrage"** (Bortz, 1984) haben, deren Beantwortung davon abhängt, ob weiter spezielle Fragen gestellt werden müssen oder ob zu einem anderen Bereich übergegangen werden kann. Sie hat somit auch die Funktion einer **Sprungregel**. Von daher sind die Antworten des Patienten auf die Einstiegsfragen sorgfältig abzuwägen, um nicht bestimmte Aspekte fälschlicherweise zu übersehen.

Tabelle 4:
Auszug aus dem Interviewleitfaden

Symptom	SF	Beispielfrage und/oder Anmerkungen
5. Zeitliche Orientierungs-störung	sF	— *„Wann sind Sie in die Klinik gekommen?"* (genaues Datum) — *„Welches Datum haben wird heute?"* (Tag, Monat, Jahr) — *„Welche Jahreszeit haben wir jetzt?"*
6. Örtliche Orientierungs-störung	sF	— *„Können Sie mir sagen, wo wir hier sind?"* — *„In welcher Stadt sind wir hier?"* (in größeren Städten: Stadtteil)

(3) Spezielle Fragen zu den Symptomen

Aus Tabelle 4 ist die Struktur des Aufbaus für jedes Symptom zu erkennen. Im speziellen Teil des jeweiligen Merkmalsbereichs sind in der **linken Spalte** die AMDP-Symptome mit Nummer der Originalbezeichnung aufgeführt. In der **rechten Spalte** befinden sich Hinweise oder Beispielfragen für die einzelnen Symptome.

Diese haben sich in der Praxis als sinnvoll erwiesen, können jedoch modifiziert, durch andere ersetzt oder erweitert werden. Für einige Symptome finden sich mehrere Beispielfragen, von denen jedoch nur eine gestellt zu werden braucht. Symptome, zu denen keine Beispielfragen formuliert wurden, basieren auf reiner Fremdbeurteilung (Verhaltensbeobachtung). Hier finden sich jedoch z. T. Hinweise auf besonders zu beachtende Aspekte im Gespräch.

In der **mittleren Spalte** wird versucht, dem Interviewer Hinweise zu geben, auf welcher **Informationsgrundlage** sein Urteil zu basieren hat. Das AMDP-System gehört in die Gruppe der sogenannten Fremdbeurteilungsverfahren (vgl. hierzu auch Stieglitz & Ahrens, 1994). Die Beurteilung von Symptomen basiert jedoch meist auf dem Verhalten und/oder dem Erleben des Patienten und stützt sich auf eigene Beobachtungen des Untersuchers, Angaben Dritter (z. B. Angehörige, Pflegepersonal) und/oder Angaben des Patienten (AMDP, 1997). Von Woggon (1979) wurde versucht, die einzelnen Symptome danach zu differenzieren, ob es sich bei ihnen um sogenannte **Selbst- oder Fremdbeurteilungssymptome** handelt oder aber ob die Beurteilung auf einer gemischten Beurteilung basiert (Selbst- und Fremdbeurteilung).

Mit F (= Fremdbeurteilung) wird das vom Beurteiler direkt beobachtbare Verhalten bezeichnet, mit S (= Selbstbeurteilung) das vom Patienten berichtete Erleben. In Erweiterung der Überlegungen von Woggon (1979) wurden einzelne Items nach eingehender Diskussion mit erfahrenen AMDP-Anwendern neu klassifiziert, je nachdem welcher Informationsquelle größere Bedeutung beim jeweiligen Symptom zugesprochen wurde.

Folgende **Klassifikation der Symptome** wird zugrundegelegt:

S: Die Selbstbeurteilung ist allein heranzuziehen.

F: Die Fremdbeurteilung ist allein heranzuziehen.

SF: Selbst- und Fremdbeurteilung sind als gleichgewichtig zu betrachten.

sF: Der Selbstbeurteilung wird eine geringere Bedeutung zugemessen als der Fremdbeurteilung.

Sf: Der Selbstbeurteilung wird eine größere Bedeutung zugemessen als der Fremdbeurteilung.

Diese Einteilung soll dem Interviewer und Rater somit Hilfestellung geben, die Aufmerksamkeit auf die jeweils relevanten Aspekte zu fokussieren, die den einzelnen Beurteilungen zugrunde liegen.

Aufgrund der Einschätzung der Symptome bezüglich dieser fünf Kategorien durch erfahrene Kliniker wurden im Psychischen Befund ca. 50 % als Symptome mit einer gemischten Beurteilung klassifiziert (SF, sF, SF) und jeweils knapp 25 % als reine Selbst-

oder Fremdbeurteilungsitems. Im Somatischen Befund dominieren eindeutig Selbstbeurteilungsitems (ca. 50 %; vgl. AMDP, 1997). Durch diese differenzierte Beschreibung der Beurteilungsgrundlage kann nach Woggon (1979) eine verläßlichere Beurteilung der Symptome möglich werden. Dieser Gedanke wurde auch bei der Konzipierung des Interviewleitfadens explizit berücksichtigt.

Das Interview wird wiederum mit einem **freien Teil beendet**, in dem der Patient ermutigt wird, für ihn noch wichtige Dinge, die bisher noch nicht besprochen worden sind, zu berichten. Dies hat sich aus verschiedenen Gründen als günstig erwiesen:

– Die Patienten berichten u. U. noch psychopathologische Phänomene, die im Gespräch noch nicht angesprochen wurden (mögliche Gründe: Frage wurde vergessen zu stellen; bereits gestellte Fragen wurden vom Patienten anders verstanden).
– Der Patient bekommt den Eindruck, daß er nicht nur „ausgefragt" oder abgefragt wird, sondern auch selbst aktiv etwas beitragen und für ihn wichtige Dinge ansprechen kann.

3 Anwendung

3.1 Indikationsbereich

Das Interview wurde für den Merkmalsbestand des Psychischen und für Teile des Somatischen Befundes (AMDP-Belege 4 und 5) konzipiert. Die Erhebung der Informationen für die Anamnesebelege 1 bis 3 sollte nach den entsprechenden allgemeinen Richtlinien psychiatrischer Anamnesegespräche erfolgen (vgl. hierzu Freyberger et al., 1996; Stieglitz & Freyberger, 1998).

Das Interview hat verschiedene **Einsatzbereiche**:
– Klinische Routine,
– Routine-Dokumentation,
– Forschung sowie
– Ausbildung in Psychopathologie.

In der **Klinischen Routine** soll das Interview helfen, eine umfassende und komplette Erfassung des psychopathologischen und somatischen Befundes zu ermöglichen, unabhängig davon, ob im Anschluß an das Interview die AMDP-Dokumentationsbelege ausgefüllt werden oder nicht.

In der **Routine-Dokumentation** (wie auch in Forschungsprojekten) soll zudem eine Erhöhung der Reliabilität der Daten angestrebt werden, was es noch durch empirische Studien zu überprüfen gilt, aber auch die Reduzierung der Angaben „keine Aussage" (vgl. AMDP, 1997, S. 10ff.) ist Ziel des Interviews, indem für alle Symptome, die über die reine Fremdbeobachtung hinausgehen, Fragen vorgegeben werden.

In **Forschungsprojekten** hat sich das AMDP-System vor allem im Bereich der psychopharmakologischen Forschung bewährt (vgl. z. B. Fähndrich et al., 1983). Bei depressiven Erkrankungen lassen sich zudem durch geringfügige Ergänzungen von Fragen diejenigen Information erheben, die zum Ausfüllen z. B. der Hamilton-Depressions-Skala (vgl. Hamilton, 1967; CIPS, 1996) oder der Bech-Rafaelsen-Melancholie-Skala (BRMS; Stieglitz et al., 1998) notwendig sind. Aber auch im Hinblick auf einige Kategorien der ICD-10 (Depressive Störung, Manische Störung, Schizophrene Störung, Organische Störung) lassen sich die relevanten diagnostischen Kriterien mit dem System erfassen (vgl. hierzu auch Haug & Stieglitz, 1997). In Forschungsprojekten (z. B. Therapie- oder Verlaufsstudien) muß beim Somatischen Befund vor Interviewdurchführung entschieden werden, ob alle Symptome explizit erfragt werden sollen.

Einen wesentlichen Stellenwert hat das AMDP-System wie der Interviewleitfaden auch in der **Ausbildung in Psychopathologie** (vgl. z. B. Berger & Stieglitz, 1997). Beide gemeinsam ermöglichen eine umfassende Erfassung wie Beschreibung psychopathologischer wie somatischer Symptome.

Die **Dauer des Interviews** beträgt in Abhängigkeit von der Erfahrung des Interviewers, der Kooperationsbereitschaft des Patienten, dem Umfang der Psychopathologie sowie dem Schweregrad der Erkrankung ca. 40 bis 60 Minuten, was im Vergleich zu einem freien Interview (ca. 30 bis 40 Minuten) nur unwesentlich mehr Zeit notwendig macht, jedoch einen deutlich höheren Grad an Präzision mit sich bringt.

3.2 Training

Die Anwendung des AMDP-Systems ist seit jeher eng an die Durchführung von Trainingsseminaren gebunden (vgl. z. B. Heimann & Rein, 1983), in denen es immer auch um das Einüben von Strategien der Informationserhebung gegangen ist.

Die Art und der Umfang eines Trainings des Interviews ist abhängig von dessen Anwendungsbereich. Soll das Interview in **Forschungsprojekten** eingesetzt werden, sind die Dokumentationsregeln zu beachten und einzuüben (AMDP, 1997).

Die **Einarbeitung in das AMDP-System und das Interview** sollte in verschiedenen Schritten erfolgen:

(1) Einarbeitung in das AMDP-Manual (AMDP, 1997) mit Schwergewicht auf folgenden Punkten: Abbildungsgrundlage, Entscheidungslogik und Skalierung;
(2) Rating von mehreren Videos unter Supervision (vgl. AMDP, 1997);
(3) Einarbeitung in den Interviewleitfaden;
(4) Übung des Interviews im „Rollenspiel" sowie
(5) Interviewdurchführung unter Supervision.

Bei Anwendung in der **klinischen Routine** sind weniger strenge Kriterien anzulegen, insbesondere wenn auf die anschließende Benutzung der AMDP-Belege verzichtet wird. Jedoch ist auf ein (wenn möglich regelmäßig durchgeführtes)Training auch hier nicht zu verzichten.

Für Interviewer, die bereits über AMDP-Erfahrungen verfügen, entfallen die Punkte (1) und (2). Anfänger können diese Erfahrungen durch von AMDP angebotene Trainingsseminare erwerben (vgl. hierzu auch Trabert & Luderer, 1997; s. a. Anhang) oder durch klinikinterne Ausbildung unter Anleitung von AMDP-erfahrenen Kollegen. Auch diese sollten sich jedoch immer wieder mit dem AMDP-Manual auseinandersetzen, da das Ausmaß der Interrater-Reliabilität auch bei AMDP-Erfahrenen nicht immer befriedigend hoch ist, was aufgrund von Ergebnissen aus Interraterstudien zu belegen ist (vgl. Fähndrich & Renfordt, 1985; Stieglitz et al., 1988). So konnte wiederholt gezeigt werden, daß erfahrene Anwender sich oft bei ihren Urteilen weniger eng an die Definitionen der Symptome des AMDP-Systems halten als weniger erfahrene Anwender. Weitere Informationen zur Durchführung von Trainingsseminaren finden sich auch im Anhang.

3.3 Durchführung

3.3.1 Allgemeine Einführung

Die Durchführung des Interviews setzt theoretische wie praktische Kenntnisse und Erfahrung in Psychopathologie ebenso voraus, wie Vertrautheit und Erfahrungen mit dem AMDP-System selbst. Vor einer routinemäßigen Anwendung ist ein ausführliches Training unabdingbar notwendig (vgl. hierzu auch Abschnitt 3.2). Für die Beurteilung des jeweiligen Merkmals ist die Summe aller zur Verfügung stehender objektiver wie subjektiver Informationen heranzuziehen, d. h. Informationen, die der Patient selbst liefert, Beobachtungen durch den Untersucher in der Interviewsituation sowie Angaben von Dritten (z. B. Pflegepersonal, Angehörige). Es ist daher notwendig, zu allen zu beurteilenden Merkmalen möglichst detaillierte Informationen einzuholen, was im wesentlichen auch Ziel des vorliegenden Interviews ist.

Auch hierbei kann dem Untersucher der **AMDP-Entscheidungsbaum** (vgl. Abbildung 1, Seite 32) hilfreich sein. Er muß sich während der Informationserhebung bei jedem Symptom darüber klar werden, ob er genügend Informationen zur Verfügung hat, um zu einer Entscheidung hinsichtlich der vorgegebenen Antwortkategorien zu gelangen. Ziel ist es, jedes Symptom zu quantifizieren (von 0 = nicht vorhanden bis 3 = schwer). In einigen Fällen ist es jedoch trotz intensiven Bemühens des Untersuchers nicht möglich, zu einer Bewertung zu gelangen (z. B. Patient antwortet nicht, Angaben sind nicht zu präzisieren). Für diese Fälle ist die Kategorie „keine Aussage" vorgesehen.

Zu Beginn der Befunderhebung muß klar sein, auf welchen **Beurteilungszeitraum** sich die Einschätzungen beziehen sollen. Entsprechend dem Vorschlag von AMDP (1997) ist der psychopathologische und somatische Befund am Tag des Interviews jeweils ein Querschnittsbefund einer bestimmten Zeitperiode. Diese ist vor Beginn des Interviews festzulegen. Ist eine Dokumentation mittels AMDP-Belegen vorgesehen, so ist dieser Zeitraum im Kopf der Belege einzutragen. Bei keiner spezifischen Fragestellung empfiehlt AMDP (1997, S. 10) als Beurteilungszeitraum die „letzten drei bis vier Tage", jedoch auch andere Bereiche sind denkbar (z. B. in Abhängigkeit von festgelegten Meßabständen im Rahmen einer Therapiestudie). Der festgelegte Beurteilungszeitraum sollte dem Patienten zu Beginn erläutert werden. Im Verlauf des Gesprächs sollte auf diesen Zeitraum immer wieder hingewiesen werden (z. B. „Wie war es in den letzten ... Tagen?").

Spezielle Hinweise und Anmerkungen zur Durchführung von Interviews, die auf **Video** aufgezeichnet werden sollen (z. B. für multizentrische Interraterstudien), finden sich bei Mormont (1987). Insbesondere bei videodokumentierten Befunderhebungen ist eine schriftliche Einwilligungserklärung des Patienten notwendig, aus der für diesen klar hervorgeht, für welche Zwecke das Interview genutzt werden soll (z. B. Lehrzwecke).

Bei schwerer gestörten und/oder wenig belastbaren Patienten muß die gesamte psychopathologische Befunderhebung nicht in einer Sitzung durchgeführt werden, sondern kann auf mehrere Sitzungen verteilt werden.

3.3.2 Spezielle Hinweise

3.3.2.1 Ablauf des Interviews

Neben den im Kapitel 4 zusammengestellten spezifischen Fragen zu den einzelnen Symptomen sind einige allgemeine Punkte bei der Interviewführung zu bedenken, auf die nachfolgend kurz hingewiesen werden soll:

(1) Das Interview beginnt mit der sogenannten **Einleitungs- oder „warming up"-Phase** (ca. 5 Minuten), an die sich die Exploration der Symptome der einzelnen Merkmalsbereiche anschließt. In dieser Phase geht es hauptsächlich darum, einen Kontakt zum Patienten herzustellen, ihn für das Gespräch zu motivieren und ihn anzuregen, über seine Probleme und Schwierigkeiten zu berichten. Der Patient sollte in dieser Phase den Gang des Gesprächs weitgehend selbst bestimmen. Der Untersucher sollte, statt zu fragen, zunächst zuhören und den Patienten beobachten.

In dieser Phase des Gesprächs sollte auch das Ziel und die zur Verfügung stehende Zeit genannt werden. Der Untersucher sollte sein Interesse durch Blickkontakt, Nicken oder kurze Äußerungen signalisieren (s. a. Dittmann, 1996).

(2) Die **Reihenfolge der Bereiche**, die zu explorieren sind, ist nicht festgelegt und sollte sich aufgrund der ersten Eindrücke und

den freien Schilderungen des Patienten in der warming-up-Phase ergeben. Ergibt sich dadurch kein zwingender Ablauf des Gesprächs, so bietet sich die in Tabelle 5 vorgeschlagene Reihenfolge an, wobei bestimmte inhaltlich zusammengehörige Merkmalsbereiche auch gemeinsam erfragt werden sollten.

Tabelle 5

Vorschläge zur Exploration zusammenhängender Merkmalsbereiche

Komplex	Merkmalsbereiche
1	Affektive Störungen, Circadiane Besonderheiten, Antriebsstörungen, Psychomotorische Störungen
2	Bewußtseinsstörungen, Orientierungsstörungen, Aufmerksamkeits- und Gedächtnisstörungen, Denkstörungen
3	Wahn, Sinnestäuschungen, Ich-Störungen
4	andere Störungen, somatische Symptome

(3) Die einzelnen Merkmalsbereiche sollten **nicht „mechanisch"** nacheinander abgefragt werden, sondern sich dem natürlichen Gesprächsverlauf anpassen.

Der Interviewer sollte auf Themen, die vom Patienten angesprochen werden, eingehen und nicht versuchen, einen bestimmten, von ihm geplanten Ablauf um jeden Preis durchzusetzen.

(4) Eine übertriebene **Fixierung auf den Interviewleitfaden** sollte ebenfalls vermieden werden. Sie ist einerseits für die Interaktion mit dem Patienten ungünstig, andererseits besteht die Gefahr, die Breite des Spektrums erfaßbarer Symptome durch Oberflächlichkeit zu ersetzen (Hron, 1982).

(5) Alle Bereiche müssen im Laufe des Interviews abgehandelt werden, d. h. zu allen Bereichen müssen zumindest die vorgeschlagenen **Einstiegsfragen** gestellt werden, um zu prüfen, ob in diesem Bereich eine Symptomatik vorliegt.

(6) Ergeben sich in einem Merkmalsbereich (z. B. „Wahn", „Sinnestäuschungen") aufgrund der Eingangsfrage keine Hinweise auf das Vorliegen von Symptomen, so müssen die darunter aufgeführten Symptomfragen nicht weiter gestellt werden. Es kann dann **zum nächsten Merkmalsbereich übergegangen** werden.

(7) Ergeben sich im Verlauf des Interviews Hinweise auf Auffäl-
ligkeiten in bereits besprochenen oder übersprungenen Bereichen, so müssen diese erneut aufgegriffen und detailliert **nach-
exploriert** werden (z. B. Wahnproblematik wird erst im Verlauf
des Gesprächs erkennbar).

(8) Ist ein Bereich exploriert, so bieten sich **Überleitungen** auf
andere Themenbereiche mit folgenden Hinweisen an:
- „Ich möchte jetzt auf ein ganz anderes Thema zu sprechen
  kommen."
- „Ich möchte Sie jetzt noch einmal etwas ganz anderes fragen."

3.3.2.2 Interviewerverhalten

Auch wenn in Kapitel 4 die zur Informationserhebung notwendi-
gen Fragen zu den einzelnen Symptomen zusammengestellt
sind, werden an den Interviewer bestimmte Anforderungen hinsichtlich der Gesprächsführung gestellt. Diese lassen sich danach unterscheiden, ob sie zur **Strukturierung** des Gesprächs
dienen oder aber zur **Präzisierung** der erhaltenen Informationen
(vgl. zur Unterscheidung auch Othmer & Othmer, 1994).

(1) Strukturierung

- Allgemein empfiehlt sich, mit eher **unverfänglichen Bereichen** zu beginnen. Hierzu zählen z. B. Fragen zur allgemeinen Befindlichkeit oder zur Stimmung (vgl. auch Tabelle 4).
- Es ist darauf zu achten, **inhaltlich zusammengehörige Bereiche** auch gemeinsam zu explorieren, da dann Überleitungen leichter gelingen (z. B. Schlafstörungen und Grübeln).
- Bereits vom Patienten angesprochene **Beschwerden** sollten
  an geeigneter Stelle **noch einmal aufgegriffen** werden,
  wenn eine nähere Abklärung notwendig ist (z. B. „Sie haben
  vorhin davon gesprochen, schlecht zu schlafen. Vielleicht
  können wir uns darüber noch etwas genauer unterhalten?").
- Das Vorliegen eines Symptoms, das direkt oder indirekt **bereits im Gespräch** geklärt wurde, sollte nicht noch einmal
  abgefragt werden.

- **Überleitungen auf andere Themen** ergeben sich oft durch Beziehung der Themen, müssen jedoch u. U. auch herbeigeführt werden, um das Gespräch nicht zu lang werden zu lassen und sich auf das Wesentliche zu konzentrieren.
- Bei Symptomen oder Beschwerden, die vom Patienten spontan angesprochen werden, die aber i.a. nicht in das Gespräch passen, sollte **auf später verwiesen** werden (z. B. „Sie haben eben auch ... angesprochen. Darauf möchte ich später nochmals genauer zurückkommen.").
- **Sensible Bereiche** wie z. B. Orientierungsstörungen, Suizidalität, Wahn oder Halluzinationen müssen besonders vorsichtig eingeführt werden.
- Während des Interviews sollte **nicht mitgeschrieben** werden (höchstens Stichworte als Gedächtnisstütze für eine nachträgliche schriftliche Aufzeichnung). Falls dennoch Aufzeichnungen gemacht werden, muß dies dem Patienten erläutert werden.

(2) Präzisierung

- Bei nur **unverständlichen, vagen Angaben** des Patienten oder Benutzung von Fremdworten, Fachtermini muß zur Klärung nachgefragt werden (z. B. „Das habe ich nicht ganz verstanden. Könnten Sie mir das näher erklären?"; „Sie haben eben den Begriff ... benutzt. Was verstehen Sie darunter?").
- Beim **Ausweichen** oder Abschweifen von einer gestellten Frage sollte durch gezieltes Zurückführen eine Präzisierung erfolgen (z. B. „Ich möchte noch einmal auf meine Frage zurückkommen und etwas genauer Nachfragen.").
- Entsteht der Eindruck, daß der Patient eine **Frage nicht richtig verstanden** hat, sollte diese nochmals in anderen Worten wiederholt werden. Gelegentlich ist es auch notwendig, nachzufragen („Was habe ich Sie gerade gefragt?").
- Bei **Verdacht auf unrichtige Antworten** sollte die entsprechende Frage im Sinne einer Kontrollfrage zur Überprüfung zu einem späteren Zeitpunkt im Interview erneut gestellt werden.

- Ein Symptom muß so lange exploriert werden, bis dem Interviewer eine **Entscheidung möglich** ist (siehe Grundlage der Entscheidungslogik; AMDP, 1997, S. 10f., sowie Kapitel 3.4).
- Bei **Verdachtsmomenten** sollte gezielt weiter exploriert werden (z. B. „Ich habe den Eindruck, daß ... Wie sehen Sie das?").
- Bei Verdacht auf **Suggestibilität** sollte der Patient ermutigt werden, seine Antworten näher zu erläutern und/oder Beispiele zu nennen.
- Hat ein Patient Schwierigkeiten, auf eine Frage zu antworten (z. B. wenn er die Frage nicht richtig verstanden hat), kann **Hilfestellung** durch Beispiele gegeben werden (z. B. „Manche Patienten berichten, daß ... Kennen Sie das auch?"). Dabei ist jedoch auf Suggestibilität zu achten, d. h. dem Patienten nicht die Antwort in den Mund zu legen. Bei Bejahung sollte der Patient auch hier um weitere Erläuterungen und Beispiele gebeten werden.
- Will oder kann der Patient zu bestimmten Themen oder Fragen keine Stellung nehmen, sollte eine **direkte Konfrontation vermieden** werden. Der Patient sollte vielmehr ermutigt und angeregt werden, dennoch darüber zu sprechen (z. B. „Was meinen Sie, wie kann man sich das erklären?", „Wie konnte das geschehen?").
- Bei nicht plausiblen und **unlogischen Zusammenhängen** sollte der Patient ermutigt werden, dies zu erläutern (z. B. „Ich verstehe noch nicht, wie ... und ... zusammenpassen. Können Sie mir das erklären?").

Auch wenn nicht die AMDP-Dokumentationsbelege benutzt werden, sollten diese Hinweise bei der Durchführung des Interviews unbedingt berücksichtigt werden.

3.4 Auswertung

Die Auswertung des Interviews erfolgt in Abhängigkeit von der Zielsetzung. Die erhobenen Informationen können als Grundlage eines **frei formulierten psychopathologischen Befundes** verwendet werden. Sie können jedoch auch als Basis für das

Ausfüllen der AMDP-Dokumentationsbelege dienen. Dann ist entsprechend den Ausführungen im Manual (AMDP, 1997) vorzugehen.

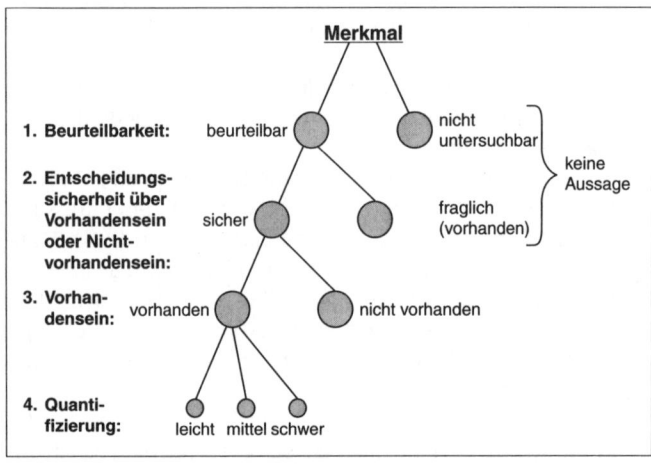

Abbildung 1:
Entscheidungsbaum für die Beurteilung der AMDP-Symptome

Entscheidungen werden vom Interviewer auf unterschiedlichen Ebenen verlangt. Es lassen sich **vier Ebenen** unterscheiden, die in Abbildung 1 im sog. **Entscheidungsbaum** aufgeführt sind:
(1) **Beurteilbarkeit** (beurteilbar versus nicht untersuchbar),
(2) **Entscheidungssicherheit** über das Vorhandensein oder Nicht-Vorhandensein (sicher versus fraglich vorhanden),
(3) **Vorhandensein** (vorhanden versus nicht vorhanden),
(4) **Quantifizierung** (leicht, mittel, schwer): Die Quantifizierung soll sich an den im Testmanual aufgeführten Beispielen für die Skalenstufen orientieren.

Die einzelnen Entscheidungsebenen sollen anhand eines **Beispiels** kurz demonstriert werden:

Auf der Ebene der **Beurteilbarkeit** muß der Untersucher entscheiden, ob das von ihm zu beurteilende Merkmal tatsächlich beurteilbar oder nicht untersuchbar ist. Ein Merkmal, daß u. a. auf den Angaben des Patienten basiert (vgl. Kapitel 2.4), ist nicht untersuchbar, wenn ein Patient z. B. mutistisch ist. Auf der nächsten Ebene im Hinblick auf die **Entscheidungssicherheit** geht es um die Differenzierung zwischen sicher oder fraglich vorhanden. Ein Merkmal ist dann fraglich vorhanden, wenn z. B. ein Patient im Gespräch wenig Kooperationsbereitschaft zeigt oder auf Fragen nur mit „ja" oder „nein" antwortet, ohne dies näher spezifizieren zu können. Über das **Vorhandensein** ist bei genügend vorliegenden Informationen leicht zu entscheiden, die **Quantifizierung** erfolgt, wie bereits ausgeführt, anhand der Beispielskalierungen der jeweiligen Items. Das vorliegende Interview hilft insbesondere, auf den Stufen 2 und 3 zu einer Klärung zu kommen. Das Manual gibt besonders Regeln für die Quantifizierung vor.

Jeder Dokumentationsbogen ist im Anschluß auf **Vollständigkeit** zu prüfen (pro Symptom muß mindestens eine Markierung vorhanden sein). Bei nicht untersuchbaren resp. fraglich vorhandenen Symptomen wird die Kodierung „keine Aussage" gewählt. Diese Symptome sollten zu einem späteren Zeitpunkt unbedingt nochmals versucht werden, zu explorieren. Am Abschluß der Befunderhebung kann der Interviewer zudem eine Globaleinschätzung in der Rubrik „**Befundunsicherheit**" abgeben (nicht vorhanden – leicht – mittel – schwer).

Die ausgefüllten Dokumentationsbögen können in unterschiedlicher Weise weiterverwendet werden. So können sie z. B. als Teil einer **Basisdokumentation** den Krankengeschichten beigelegt resp. elektronisch gespeichert werden. Sie können jedoch auch als Grundlage einer Auswertung auf **Syndrom- oder Skalenebene** (per Hand oder Computer) dienen (z. B. mit dem Ziel, den Therapieverlauf zu beschreiben). Hierzu wurden von Gebhardt et al. (1983; vgl. auch Pietzcker et al., 1983; Baumann & Stieglitz, 1983; Stieglitz & Schaub, 1997) Skalenvorschläge gemacht, für die Normwerte bestimmt werden können (vgl. auch Anhang).

Die **Auswertung auf Syndrom- und Skalenebene** (vgl. auch Baumann & Stieglitz, 1983) erfolgt durch einfache Aufsummierung der Werte der einzelnen Symptome, die einem bestimmten Syndrom zugeordnet wurden. Dabei entsprechen den einzelnen

Abstufungen folgende Skalenwerte: nicht vorhanden oder keine Aussage = 0, leicht = 1, mittel = 2 und schwer = 3.

Die Kategorie „keine Aussage" wird als sogenanntes „missing data" angesehen und mit 0 codiert. Eine Syndromauswertung kann nur dann erfolgen, wenn nicht mehr als ein „missing data" pro Syndrom vorliegt. Für das Zwangssyndrom wurden aufgrund der geringen Skalenlänge (3 Items) keine Normwerte bestimmt.

Die ermittelten Summenwerte können dann in sogenannte **Normwerte** (T-Werte) transformiert werden, wie es exemplarisch in Tabelle 6 dargestellt ist. Diese erlauben beim einzelnen Patienten eine bessere Interpretation als die reinen Rohwerte, da sie Auskunft über die Position eines Patienten in Relation zur Normpopulation gibt (hier: heterogene Stichprobe psychiatrischer Patienten, N = 2313; Gebhardt et al., 1983; Baumann & Stieglitz, 1983).

Tabelle 6:
Auswertungsbeispiel Skala 4 „Manisches Syndrom"

Schritt	Ergebnis			
Item- oder Symptom- ebene	Symptom 22	„ideenflüchtig"	nicht vorhanden	= 0
	Symptom 66	„euphorisch"	mittel	= 2
	Symptom 72	„gesteigertes Selbstwertgefühl"	mittel	= 2
	Symptom 82	„antriebsgesteigert"	mittel	= 2
	Symptom 83	„motorisch unruhig"	leicht	= 1
	Symptom 88	„logorrhoisch"	schwer	= 3
	Symptom 93	„soziale Umtriebigkeit"	keine Aussage	= 0
Syndrom ebene	Summenwert = 10			
	Normwert T = 72			
Inter- pretation	überdurchschnittliche Ausprägung des manischen Syndroms in Relation zu einer heterogenen Stichprobe psychiatrischer Patienten			

4 Interview

Die Strukturierung der Fragen des Interviews erfolgt aus didaktischen Gründen entlang den Merkmalsbereichen des AMDP-Systems. Wie bereits in Kapitel 3.3.2.2 erläutert, bedeutet dies jedoch nicht, daß der Interviewleitfaden in dieser Reihenfolge Anwendung finden muß. Vielmehr sollen die dort aufgeführten allgemeinen wie spezifischen Vorschläge in der Interviewgestaltung berücksichtigt werden. Vorrang hat vor allem die Flexibilität des Untersuchers, sich auf die konkrete Untersuchungssituation des individuellen Patienten einzustellen, was auch durch die gewählte Begrifflichkeit „halbstrukturiert" zur Charakterisierung des Interviews betont werden soll.

Im einzelnen gliedert sich der nachfolgende **Interviewteil** in folgende **Abschnitte**:
4.1   Beginn des Interviews
4.2   Bewußtseinsstörungen
4.3   Orientierungsstörungen
4.4   Aufmerksamkeits- und Gedächtnisstörungen
4.5   Formale Denkstörungen
4.6   Befürchtungen und Zwänge
4.7   Wahn
4.8   Sinnestäuschungen
4.9   Ich-Störungen
4.10 Störungen der Affektivität
4.11 Antriebs und psychomotorische Störungen
4.12 Circadiane Besonderheiten
4.13 Andere Störungen
4.14 Somatischer Befund
4.15 Beendigung des Interviews

Für Symptome, die auf reiner Fremdbeurteilung basieren (vgl. hierzu auch Kapitel 2.4), können meist keine Fragen vorgegeben werden. Aus didaktischen Gründen wurden jedoch alle Symptome des Psychischen Befundes in die nachfolgenden Zusammenstellungen aufgenommen.

Es ist an dieser Stelle nochmals darauf hinzuweisen, daß die nachfolgenden Fragen dazu dienen, die **Informationsvarianz** zu reduzieren, indem allen Untersuchern dieselben Fragen zur Verfügung stehen. Zur Reduzierung der **Beobachtungsvarianz** (Vereinheitlichung der Beurteilung) ist es unabdingbar notwendig, das **Glossar des AMDP-Systems** heranzuziehen, in dem neben den Definitionen auch Ankerbeispiele für die Skalenstufen „leicht" und „schwer" enthalten sind.

4.1 Beginn des Interviews

Das Interview beginnt mit einer kurzen Einführung und Erklärung (vgl. auch Kapitel 1.4).

Ein **Erstinterview** könnte z. B. wie folgt eingeleitet werden: *„Ich möchte mich mit Ihnen darüber unterhalten, was Sie zu uns geführt hat und wie es Ihnen geht. Wir haben Zeit, wir können uns in Ruhe darüber unterhalten. Vielleicht beginnen wir das Gespräch damit, daß Sie mir erzählen:*

- *„Seit wann Sie hier sind und warum Sie zu uns gekommen sind, oder haben Sie in der letzten Zeit irgendwelche Probleme (Ärger, Schwierigkeiten) gehabt?"* (Falls ja) *„Welche? Können Sie mir mehr darüber berichten?"*
- *„Ich möchte Ihnen jetzt eine Reihe von Fragen stellen, um Sie (alternativ: Ihre Probleme) besser verstehen zu können."*
- *„Da ich allen Patienten ähnliche (dieselben) Fragen stelle, um besser vergleichen zu können, werde ich Sie Ihnen auch stellen. Es wird daher nicht alles auf Sie zutreffen, so daß Sie über bestimmte Fragen nicht verwundert sein müssen."*

Bei **Folge- oder Wiederholungsinterviews** ist entsprechend den Vorschlägen in Kapitel 2.4 zu verfahren. Entscheidend ist bei **jedem Interview**, dem Patienten zu Beginn den **Beurteilungszeitraum** (i. d. R. die letzten 3–4 Tage) zu verdeutlichen:
„Ich möchte mich jetzt mit Ihnen darüber unterhalten, wie es Ihnen in den letzten 3–4 Tagen gegangen ist. Wie war da Ihre Stimmung, Ihr Befinden?"

Bei Unklarheit im Gespräch, ob die Angaben des Patienten tatsächlich auf diesen Zeitrahmen bezogen sind, sollte nachgefragt werden:
„Was Sie mir eben berichtet haben, war das auch in den letzten 3–4 Tagen so?"

Ebenfalls bietet sich bei Beginn jeden Gesprächs an, den Patienten darauf hinzuweisen, wieviel resp. daß genügend Zeit zur Verfügung steht.

4.2 Bewußtseinsstörungen

Allgemeine Vorbemerkungen

Die Symptome dieses Merkmalsbereiches sind meist aufgrund des Gesamteindrucks im Interview zu beurteilen. Ein Beginn des Interviews mit diesem Bereich bietet sich nicht an, auch wenn dieser Merkmalsbereich als erster im Manual und auf dem Dokumentationsbogen aufgeführt ist. „Bewußtseinsverschiebung" muß, wenn nicht vom Patienten selbst berichtet, erfragt werden. Dies kann u. U. im Zusammenhang mit der Frage nach „Depersonalisation" (Symptom 54) oder Sinnestäuschungen (Symptome 47–52) erfolgen.

Einstiegsfrage

Zu diesem Merkmalsbereich gibt es keine Einstiegsfrage, da in ihm überwiegend Beobachtungsitems enthalten sind bzw. die Inhalte eher im Kontext anderer Symptome mit erfaßt werden können. Hinweise auf Bewußtseinsstörungen im Laufe des Gesprächs müssen durch gezieltes Nachfragen eingegrenzt werden.

Symptom	SF[1]	Beispielfrage und/oder Anmerkungen
1. Bewußtseins-verminderung	F	
2. Bewußtseins-trübung	F	

Symptom	SF[1]	Beispielfrage und/oder Anmerkungen
3. Bewußtseins-einengung	sF	Wird meist nicht spontan berichtet (kann z. B. im Zusammenhang mit Halluzinationen näher exploriert werden). Falls Hinweise im Gespräch zu erkennen sind, sollten diese angesprochen werden (z. B. *„Was war jetzt gerade?"*).
4. Bewußtseins-verschiebung	Sf	— *„Haben Sie das Gefühl, z. B. die Farben intensiver zu sehen oder Musik lauter zu hören?"* (Falls ja) *„Bitte beschreiben Sie das genauer."* — *„Haben Sie das Gefühl, daß Ihre Wahrnehmung besonders scharf ist, daß Sie Dinge besonders gut wahrnehmen können?"*

[1] Abkürzungen vgl. Seite 20.

4.3 Orientierungsstörungen

Allgemeine Vorbemerkungen

Die Beurteilung dieser Symptome kann durch direktes Erfragen, aufgrund des Gesprächsverlaufs und der Verhaltensbeobachtung erfolgen. Da Fragen nach Orientierungsstörungen oft als peinlich erlebt werden, muß dem Patienten erklärt werden, warum es notwendig ist, diese Fragen dennoch zu stellen. Auch hier ist oft der Hinweis hilfreich, daß diese Fragen allen Patienten gestellt werden. Meist können diese Fragen auch unauffällig in den normalen Gesprächsablauf integriert werden.

Einstiegsfrage

Hier gelingt der Einstieg oft gut durch die Frage

„Wann sind Sie hergekommen?"
„Ich möchte Sie jetzt konkret nach Dingen fragen, die Ihnen vielleicht etwas merkwürdig vorkommen. Ich bitte Sie dennoch um Ihre Mitarbeit (Mithilfe)."

Symptom	SF	Beispielfrage und/oder Anmerkungen
5. Zeitliche Orientierungsstörung	sF	— *„Wann sind sie in die Klinik gekommen?"* (genaues Datum) — *„Welches Datum haben wird heute?"* (Tag, Monat, Jahr) — *„Welche Jahreszeit haben wir jetzt?"*
6. Örtliche Orientierungsstörung	sF	— *„Können Sie mir sagen, wo wir hier sind?"* — *„In welcher Stadt sind wir hier?"* (in größeren Städten: Stadtteil)
7. Situative Orientierungsstörung	sF	— *„In was für einer Art Einrichtung sind wir hier?"* — *„Was meinen Sie, welchen Beruf ich habe?"* — *„Was machen wir hier gerade?"* (z. B. Video-Aufzeichnung)
8. Orientierungsstörung zur eigenen Person	sF	— *„Sagen Sie mir bitte, wann und wo Sie geboren sind und wo Sie zur Zeit wohnen!"* — *„Wie alt sind Sie?"* (wann geboren) — *„Sind sie verheiratet?"* — *„Welchen Beruf haben Sie?"* — *„Wie ist Ihr Name?"* (Vorname, Mädchenname)

4.4 Aufmerksamkeits- und Gedächtnisstörungen

Allgemeine Vorbemerkungen

Dieser Bereich umfaßt hauptsächlich verschiedene, klinisch zu beurteilende Aspekte der Leistungsfähigkeit. Die Beurteilung erfolgt aufgrund der Beobachtung des Verhaltens und der klinischen Prüfung. Den objektiv beobachtbaren Merkmalen kommt eine größere Bedeutung zu als der Selbstbeurteilung durch den Patienten. Von daher ist eine klinische Prüfung in den meisten Fällen notwendig.

Wichtig: Die Äußerung von Störungen (z. B. bedingt durch Insuffizienzgefühle) in diesem Bereich entbindet den Untersucher nicht von der genauen Überprüfung. Es sollten dazu Aufgaben gestellt werden, die wirklich lösbar sind.

Einstiegsfrage

„Ich würde mir jetzt gerne einen Eindruck davon verschaffen, wie es mit Ihrer Konzentrationsfähigkeit steht und ob Ihr Gedächtnis in Ordnung ist (oder wie es mit Ihrem Gedächtnis klappt)."

Symptom	SF	Beispielfrage und/oder Anmerkungen
9. Auffassungs-störungen	sF	Wenn sich Hinweise auf Auffassungsstörungen im Gespräch ergeben, sind diese zu prüfen. Dies kann zunächst durch z. B. einfaches Nachfragen erfolgen: *„Was habe ich Sie gerade gefragt?"* Zu einer besseren Einschätzung kommt man jedoch durch die Vorgabe von z. B. kleinen Fabeln oder Sprichwörtern (z. B. Morgenstund hat Gold im Mund / Aller Anfang ist schwer / Was Hänschen nicht lernt, lernt Hans nimmer mehr). — *„Können Sie mir bitte folgendes Sprichwort erklären? (...) Was bedeutet das?"* Eine Prüfung ist auch möglich, durch die Vorgabe von zwei Begriffen (z. B. Apfel-Banane, Lob-Tadel, Auto-Fahrrad), deren Gemeinsamkeit vom Patienten zu erklären ist. — *„Können Sie mir erklären, was das Gemeinsame von einem Apfel und einer Banane ist?"*
10. Konzen-trations-störungen	sF	— *„Können Sie sich so wie immer konzentrieren?"* (Falls nein) *„Bitte geben Sie ein Beispiel."* Cave bei Antwort „ja", da Patienten oft Konzentration mit Merkfähigkeit oder Gedächtnis verwechseln! — *„Fällt es Ihnen schwer, einem (diesem) Gespräch zu folgen, bei der Sache zu bleiben?"* — *„Ich möchte mir jetzt gerne ein Bild davon machen, wie es mit Ihrer Konzentration klappt. Können Sie bitte ..."* (von 81 immer 4 oder 7 abziehen; die Monatsnamen rückwärts nennen bei Dezember beginnend). Bei Wiederholungsuntersuchungen ist, um Lerneffekte auszuschließen, bei einer anderen Zahl zu beginnen (z. B. statt 81 bei 83 oder 85).

Symptom	SF	Beispielfrage und/oder Anmerkungen
11. Merkfähig-keitsstörungen	sF	Dieser Bereich muß explizit geprüft werden. — *„Haben Sie Schwierigkeiten, sich etwas zu merken?"* — *„Wie steht es mit Ihrem Gedächtnis? Hat sich etwas verändert?"* — *„Vergessen Sie z.Zt. vermehrt Dinge?"* (Falls ja) *„Können Sie ein Beispiel nennen?"* — *„Wie schätzen Sie ihr Gedächtnis ein?"* — *„Haben Sie Schwierigkeiten, sich etwas zu merken?"* — *„Können wir eine kleine Probe machen, wie ihr Gedächtnis funktioniert? Bitte merken Sie sich die drei Begriffe 34, Oslo, Aschenbecher. Ich werde Sie nachher noch einmal danach fragen!"* Es ist darauf zu achten, daß sich der Patient die drei Begriffe auch tatsächlich eingeprägt hat (wichtig: wiederholen lassen). Jede andere begriffliche Wahl ist selbstverständlich auch möglich! Es sollten jedoch Begriffe aus drei verschiedenen Bereichen sein (hier: 34 = Zahl, Oslo = Stadt, Aschenbecher = Gegenstand). Nach 10 Min.: *„Können Sie sich noch an die 3 Begriffe erinnern, die ich Ihnen vorhin genannt habe?"* Kann sich der Patient an einen oder auch alle Begriffe nicht erinnern, kann Hilfestellung gegeben werden. So kann z.B. gesagt werden: *„Erinnern Sie sich noch, ein Begriff war eine Stadt?"* (eine Zahl, ein Gegenstand).
12. Gedächtnis-störungen	sF	Gedächtnisstörungen können gut aus der biographisch orientierten Exploration beurteilt werden. Gleichzeitig können die Begriffe, die unter Symptom 11 überprüft wurden, nach mehr als 10 Min. erneut abgefragt werden (z.B. am Ende der Exploration). — *„Ich habe Ihnen vorhin 3 Begriffe genannt; können Sie sich immer noch daran erinnern?"* Auch sind an dieser Stelle Fragen wie *„Seit wann sind Sie hier?"* zu benutzen. Es kann auch nach (wichtigen) Ereignissen der vergangenen Tage gefragt werden.

Symptom	SF	Beispielfrage und/oder Anmerkungen
13. Konfabula- tionen	F	Bei Verdacht auf Konfabulationen muß min- destens eine identische Frage nach ca. 15 Minuten wiederholt werden. Es können z. B. wiederholt Fragen zum All- tag des Patienten gestellt werden (z. B. *„Was haben Sie heute Vormittag gemacht?"* oder *„Was gab es heute zum Essen?"*). Es kann auch nochmals nach den drei Be- griffen gefragt werden: *„Können Sie sich noch an die drei Begriffe erinnern?"*
14. Paramnesien	F	Bei diesem Symptom handelt es sich bei AMDP um ein Merkmal, das in verschiedene Aspekte aufgeteilt wird und z. T. nur erfragt werden kann. — *„Haben Sie das Gefühl, bestimmte Situa- tionen schon einmal früher erlebt zu ha- ben? Kommt Ihnen die Situation bekannt vor (déjà vu), oder kommen Ihnen auch alltägliche Situationen ganz fremd vor (ja- mais vu)?"* (Falls ja) *„Können Sie mir ein Beispiel nennen?"*

4.5 Formale Denkstörungen

Allgemeine Vorbemerkungen

Dieser Bereich ist überwiegend durch sorgfältige Beobachtung
in der Interviewsituation zu erschließen. Zusätzlich muß der
Patient zu einigen Symptomen (z. B. „Grübeln") befragt werden.

Einstiegsfrage

*„Wie geht es im Augenblick mit dem Denken? Haben Sie
irgendwelche Probleme bemerkt?"*

Auch wenn der Patient diese Frage verneint, müssen alle mit „S"
gekennzeichneten Symptome erfragt werden.

„Darf ich Ihnen trotzdem einige Fragen dazu stellen?"

Falls die Frage nicht verstanden wird, sollte mit den Beispielfragen zu Symptom 15 begonnen werden.

Symptom	SF	Beispielfrage und/oder Anmerkungen
15. Gehemmt	S	Häufig im Gespräch zu beobachten, wenn sich der Patient bemüht, die Fragen zu beantworten. – „Haben Sie das Gefühl, daß das Denken schwer geht? Brauchen Sie dazu mehr Kraft?" – „Manchmal hat man das Gefühl, das Denken geht wie gegen einen Widerstand. Kennen Sie das auch?" – „Kostet es Sie viel Kraft, einen Gedanken zu Ende zu bringen?" – „Gehen Ihre Gedanken langsam, schwer?" – „Kommt Ihnen Ihr Denken gebremst, gehemmt, wie gegen einen Widerstand vor?"
16. Verlangsamt	F	
17. Umständlich	F	
18. Eingeengt	F	Bei Hinweisen auf eingeengtes Denken muß gezielt versucht werden, andere Themenbereiche anzubieten, um einzuschätzen, ob der Patient tatsächlich erneut auf das für ihn zentrale Thema zurückkommt.
19. Perseverierend	F	
20. Grübeln (nicht zwanghaft)	S	Dieses Merkmal ist gut im Zusammenhang mit Schlafstörungen zu explorieren. Inhaltlich können in diesem Zusammenhang für den Patienten zentrale Themen (z. B. auch Schuldgefühle, Zwangsgedanken) exploriert werden. – „Müssen Sie über bestimmte Dinge immer und immer wieder nachdenken? Stört Sie das, ist Ihnen das unangenehm?" – „Gehen Ihnen bestimmte Gedanken gar nicht mehr aus dem Kopf?"
21. Gedankendrängen	S	– „Haben Sie das Gefühl, daß Sie zu viele Gedanken gleichzeitig im Kopf haben, daß diese Gedanken eher unabhängig von ihrem Willen sind (z. B. rasen)?" – „Haben Sie zu viele Ideen, fühlen Sie sich im Augenblick reicher an Gedanken, mehr als sonst?" – „Haben Sie z. Zt. zu viele Gedanken und Einfälle? Gegen die Sie sich gar nicht mehr wehren können? Die fast automatisch ablaufen?"

43

Symptom	SF	Beispielfrage und/oder Anmerkungen
22. Ideenflüchtig	F	— *„Haben Sie manchmal sogar zu viele Ideen auf einmal, denen Sie geradezu ausgeliefert sind?"*
23. Vorbeireden	F	Bei Verdacht auf Vorbeireden muß sich der Untersucher vergewissern, ob der Patient die Frage auch richtig verstanden hat (*„Können Sie mir noch einmal erklären, was ich Sie eben gefragt habe?"*).
24. Gesperrt/ Gedanken abreißen	SF	Bei Beobachtung einer Sperrung muß exploriert werden: *„Was war gerade?"* — *„Haben Sie das Gefühl, daß Ihnen der Gedanke öfter einmal einfach abhandengekommen ist, wie abgerissen ist?"* Eine Sperrung ist zu beobachten, während Gedankenabreißen exploriert werden muß. Hier kann evtl. auch gleich das Symptom „Gedankenentzug" mit exploriert werden. — *„Kommt es manchmal vor, daß Ihnen bei einem Gedanken der Faden reißt?"* — *„Haben Sie in letzter Zeit das Gefühl, daß Gedanken ohne Grund abreißen und unterbrochen werden? Haben Sie manchmal Schwierigkeiten, Gedanken zu Ende zu denken?"*
25. Inkohärent/ zerfahren	F	
26. Neologismen	F	

4.6 Befürchtungen und Zwänge

Allgemeine Vorbemerkungen

Die Symptome dieses Bereiches können mit anderen Symptomen gemeinsam exploriert werden:

— „Grübeln" im Zusammenhang mit „Zwangsdenken",

— „Mißtrauen" im Zusammenhang mit dem Bereich Wahn,

— „Phobien" im Zusammenhang mit dem Thema Ängstlichkeit,

— „Hypochondrie" ist so lange zu explorieren, bis eine Abgrenzung zur wahnhaften Hypochondrie möglich ist.

Einstiegsfrage

Falls dieser Bereich doch geschlossen abgefragt werden soll, bietet sich folgende allgemeine Frage als Einleitung an:

„Ich möchte Sie jetzt noch zu verschiedenen Dingen befragen, über die von manchen Patienten in einer ähnlichen Situation wie Ihrer berichtet werden."

Symptom	SF	Beispielfrage und/oder Anmerkungen
27. Mißtrauen	sF	Dieses Symptom ist z. T. aus dem Verhalten im Gespräch zu erschließen (z. B. Einsilbigkeit oder häufiges Rückfragen). Es kann auch erfragt werden im Zusammenhang mit dem Symptom „sozialer Rückzug". — *„Sind Sie in letzter Zeit irgendwie mißtrauisch gegenüber Ihren Mitmenschen?"* (Evtl. Beispiele geben: andere reden über einen, beobachten einen.) — *„Beobachten Sie Dinge in Ihrer Umgebung eher mißtrauisch?"* — *„Sind Sie auch sonst eher ein mißtrauischer oder eher ein gutgläubiger Mensch?"*
28. Hypochondrie (nicht wahnhaft)	SF	Hinweise hierauf ergeben sich häufig schon über die allgemeine Einstiegsfrage zum Gesprächsbeginn, indem körperliche Beschwerden stark thematisiert werden. — *„Befürchten Sie, ernsthaft krank zu sein?"* — *„Machen Sie sich Sorgen um ihre körperliche Gesundheit?"* — *„Haben Sie das Gefühl, daß in Ihrem Körper irgend etwas nicht in Ordnung ist?"* — *„Haben Sie bereits etwas unternommen, um herauszufinden, woran es liegt?"* — *„Denken Sie z. Zt. viel über Ihr körperliches Befinden nach?"*
29. Phobien	Sf	Dieses Symptom kann im Zusammenhang mit Ängstlichkeit und sozialem Rückzug erfragt werden. — *„Geraten Sie in bestimmten Situationen in Angst oder gar Panik?"* — *„Versuchen Sie, solche Situationen zu vermeiden?"* (Falls ja) *„Geben Sie bitte ein Beispiel".*

Symptom	SF	Beispielfrage und/oder Anmerkungen
		— *„Haben Sie (übermäßige) Furcht vor bestimmten Dingen (z. B. Tieren, anderen Menschen, Situationen wie Bus fahren, Straße gehen)?"*
30. Zwangsdenken	S	Dieses Symptom kann im Zusammenhang mit Grübeln erfragt werden. — *„Müssen Sie bestimmte Gedanken immer wieder denken, obwohl Sie sich dagegen zur Wehr setzen?"* (Falls ja) *„Können Sie mir ein Beispiel geben?"* — *„Müssen Sie über bestimmte Dinge, die sich wie von selbst aufdrängen, immer wieder nachdenken, die Ihnen eigentlich unsinnig vorkommen?"* (Falls ja) *„Können Sie ein Beispiel nennen?"* Falls es für den Patienten schwer ist, die Frage zu verstehen, können Beispiele vorgegeben werden (z. B. Immer wieder daran denken, bestimmte Sachen überprüft zu haben, z. B. Tür abgeschlossen zu haben, Brief richtig zugeklebt zu haben, Herd ausgeschaltet zu haben).
31. Zwangsimpulse	S	— *„Verspüren Sie immer wieder den Drang, bestimmte Dinge tun zu müssen, und fürchten Sie sich davor, diese einmal tatsächlich zu tun?"* — *„Verspüren Sie den Drang (Antrieb), bestimmte Dinge immer wieder tun zu müssen (z. B. etwas zu kontrollieren)?"*
32. Zwangshandlungen	SF	— *„Müssen Sie bestimmte Dinge immer wieder tun, obwohl Sie sie für unsinnig halten und sich dagegen zur Wehr setzen (‚quasi unter Zwang')?"* (Falls ja) *„Können Sie ein Beispiel nennen?"* — *„Müssen Sie Handlungen immer wieder ausführen (z. B. kontrollieren, ob der Brief wirklich im Briefkasten ist)?"* (Falls ja) *„Erleben Sie dies als absurd, krankhaft oder quälend?"* — *„Haben Sie die Angewohnheit, bestimmte Handlungen immer in einer ganz bestimmten Reihenfolge ablaufen zu lassen?"* — *„Versuchen Sie, dagegen anzugehen?"* — *„Leiden Sie darunter?"*

4.7 Wahn

Allgemeine Vorbemerkungen

Hinweise auf das Vorliegen von Wahnerleben sind u. U. schon bei der Eingangsfrage zum Interview oder aus Bemerkungen und dem Verhalten des Patienten im Interview erschließbar. Dieser Bereich kann evtl. bei halluzinatorischem Erleben mit abgefragt werden.

Bei Verdacht und Hinweisen auf Wahn sind diese auch inhaltlich genauer zu erfragen (Symptome 39–46). Bei den Symptomen 42 „Schuldwahn", 43 „Verarmungswahn", 44 „Hypochondrischer Wahn" sowie 45 „Größenwahn" ist so lange zu explorieren, bis eine Abgrenzung zu den entsprechenden Symptomen mit nicht-wahnhafter Qualität möglich ist (73 „Schuldgefühle", 74 „Verarmungsgefühle", 28 „Hypochondrie (nicht wahnhaft)", 72 „Gesteigertes Selbstwertgefühl").

Zur Überprüfung der **subjektiven Gewißheit** müssen dem Patienten andere Erklärungsmöglichkeiten angeboten werden.

Bei einigen Patienten ergeben sich erst im Verlauf des Gesprächs Hinweise auf wahnhaftes Erleben, auch wenn sich aufgrund der Eingangsfrage zunächst keine Anhaltspunkte ergeben haben. Dann muß unbedingt der Bereich nochmals genauer anhand der einzelnen Fragen überprüft werden.

Einstiegsfrage

„Haben Sie in letzter Zeit Dinge erlebt, die Ihnen sehr merkwürdig vorkamen, die Sie beunruhigten oder die Ihnen gar Angst machten und von denen andere meinen, daß es so nicht sein kann?"

Symptom	SF	Beispielfrage und/oder Anmerkungen
33. Wahn-stimmung	sF	Dieses Symptom ist insbesondere aus dem Verhalten im Interview zu erschließen, z. B. durch Andeutungen oder die Vagheit der Umschreibung von Umständen und Situationen. — *„Haben Sie das Gefühl, daß irgend etwas in der Luft liegt?"*

Symptom	SF	Beispielfrage und/oder Anmerkungen
		— *„Haben Sie das Gefühl, es kommt irgend etwas auf Sie zu, daß alles unheimlich ist, sich etwas zusammenbraut?"*
34. Wahnwahr-nehmung	Sf	— *„Haben bestimmte Dinge in Ihrer täglichen Umgebung eine besondere Bedeutung für Sie?"* (evtl. Beispiel geben: *„Sind z. B. alle Ampeln für Sie auf grün gestellt?"*).
		— *„Beobachten Sie, daß Leute Ihnen Zeichen geben?"*
		— *„Haben Nachrichtensprecher zu Ihnen gesprochen?"*
35. Wahneinfall	SF	Bei Beobachtung von plötzlichem „Einschießen" von Gedanken muß näher nachgefragt werden:
		— *„Ist ihnen dieser Gedanke eben gerade gekommen oder kennen Sie ihn schon länger?"*
36. Wahn-gedanken	SF	(s. Einstiegsfrage zu diesem Merkmalsbereich)
		Es ist genau zu prüfen, ob die Kriterien des Wahns erfüllt sind. Dies kann durch gezieltes Nachfragen und/oder Konfrontieren mit der Realität erfolgen. Folgende Fragen bieten sich z. B. an: *„Könnte es auch anders sein?"*, *„Gibt es dafür auch eine andere Erklärung?"*, *„Sie berichteten, daß Sie eine Erbschaft gemacht haben, bekommen aber Geld von der Sozialhilfe. Wie soll ich mir das erklären?"*
37. Systemati-sierter Wahn	sF	Dem Patienten müssen Möglichkeiten zur Erklärung und zur Inbeziehungsetzung der Wahngedanken gegeben werden:
		— *„Hat das etwas miteinander zu tun?"*
		— *„Glauben Sie, das hängt miteinander zusammen?"*
		— *„Können Sie mir das genauer erklären?"*
		— *„Kann das wirklich so sein?"*
38. Wahndynamik	F	
39. Beziehungs-wahn	sF	— *„Haben Dinge in Ihrer Umgebung in letzter Zeit ein bestimmte Bedeutung für Sie gewonnen?"*

Symptom	SF	Beispielfrage und/oder Anmerkungen
		– *„Haben Sie in letzter Zeit das Gefühl, daß viele Dinge, die um Sie herum passiert sind, etwas mit Ihnen zu tun haben? Waren z. B. Ansagen im Fernsehen für Sie persönlich bestimmt?"*
		– *„Haben Sie auf irgendeinem Wege bestimmte Botschaften bekommen?"*
40. Beeinträchtigungs- und Verfolgungswahn	sF	– *„Meinen Sie, daß bestimmte Menschen etwas gegen Sie haben, Ihnen an's Leder wollen? Ihnen nachstellen?"*
		– *„Haben Sie das Gefühl, daß Ihnen jemand etwas Böses oder Schlechtes will? Ihnen etwas antun will?"*
		– *„Haben andere Personen versucht, Sie zu schikanieren?"* (Falls ja, Beispiele nennen lassen.)
41. Eifersuchtswahn	sF	– *„Haben Sie das Gefühl, Ihr Partner ist Ihnen nicht treu?"* (Falls ja) *„Woraus schließen Sie das?"*
		– *„Haben Sie das Gefühl, von Ihrem Partner betrogen oder hintergangen zu werden?"* (begründen lassen)
42. Schuldwahn	sF	– *„Haben Sie das Gefühl, Schuld auf sich geladen zu haben?"* (Falls ja) *„Können Sie mir Beispiele nennen?"*
		– *„Haben Sie das Gefühl, für bestimmte Dinge oder Taten verantwortlich zu sein?"*
		– *„Werfen Sie sich vor, bestimmte Dinge in Ihrem Leben falsch gemacht zu haben?"* (Falls ja) *„Können Sie mir Beispiele nennen?"*
43. Verarmungswahn	sF	– *„Wie steht es mit Ihrem Einkommen, Ihrer Rente, Ihrem Verdienst? Glauben Sie, daß Sie Ihr Auskommen haben?"* (evtl. erläutern: die Krankenkasse bezahlt Ihren Aufenthalt; o. ä.)
		– *„Reicht Ihr Geld für Essen, Kleidung und die anderen Dinge des Lebens?"*
44. Hypochondrischer Wahn	sF	– *„Haben Sie das Gefühl, mit ihrem Körper ist etwas nicht in Ordnung?"*
		– *„Fürchten Sie, an einer Krankheit zu leiden, die die Ärzte noch nicht erkannt haben?"*

Symptom	SF	Beispielfrage und/oder Anmerkungen
		– *„Können Sie es glauben, daß Sie körperlich gesund sind, wenn Ihnen die Ärzte es sagen?"*
45. Größenwahn	sF	– *„Haben Sie das Gefühl, über besondere Fähigkeiten zu verfügen?"*
		– *„Haben Sie das Gefühl, große Dinge erreichen zu können (große Macht zu haben)?"*
		– *„Haben Sie z. B. das Gefühl, daß Ihre Eltern nicht ihre wahren Eltern sind, daß Sie von anderen Menschen abstammen?"*
		– *„Meinen Sie, etwas Besonderes zu sein, über eine bestimmte Begabung zu verfügen?"*
		– *„Glauben Sie ähnlich oder gar Gott zu sein?"*
46. Andere Wahninhalte	sF	Hier ist z. B. nach phantastischem oder religiösem Wahn zu explorieren, wenn sich aus der Untersuchungssituation Hinweise darauf ergeben.

4.8 Sinnestäuschungen

Allgemeine Vorbemerkungen

Dieser Bereich sollte sehr vorsichtig exploriert werden. Bei Zustimmung auf entsprechende Fragen ist der Patient grundsätzlich aufzufordern, die Sinnestäuschungen in eigenen Worten zu beschreiben. Vorschnelle Fragen wie „Hören Sie Stimmen?" sind zu vermeiden.

Einstiegsfrage

„Gibt es irgend etwas, was Sie ängstigt oder ablenkt?"
„Wirkt irgend etwas auf Sie ein, was Sie stört, beeinträchtigt oder beunruhigt?"
„Haben Sie Dinge gesehen, gehört, gespürt, die Ihnen irgendwie merkwürdig vorgekommen sind?"

Symptom	SF	Beispielfrage und/oder Anmerkungen
47. Illusionen	S	Hinweise ergeben sich i. d. R. aufgrund der Einstiegsfrage oder aus spontanen Schilderungen in der Interviewsituation und müssen dann genauer erfragt werden.
48. Stimmenhören	S	— *„Hören Sie manchmal jemanden sprechen, obwohl niemand im Raum ist?"* (Falls ja) *„Können andere das auch hören?"* — *„Sind es Männer oder Frauen? Kennen Sie die Stimmen?"* — *„Haben Sie Stimmen gehört, die das kommentierten, was Sie gerade machten?"* — *„Geben Sie Ihnen irgendwelche Befehle?"* (Wichtig: es ist zu klären, ob die Stimmen befehlen, sich etwas anzutun!) — *„Haben Sie Stimmen gehört, die sich untereinander unterhalten haben?"* (Falls ja) *„Was sagten sie?"* — *„Sind es vielleicht nur Ihre eigenen Gedanken, die Sie da hören?"* — *„Haben Sie in letzter Zeit Stimmen von Personen gehört, die gar nicht anwesend waren?"* (genau schildern lassen: Rede, Gegenrede, Kommentare, Befehle usw.)
49. Andere akustische Halluzinationen	S	— *„Oder haben Sie andere Dinge gehört (z. B. Geräusche, Töne)?"*
50. Optische Halluzinationen	S	— *„Haben Sie Personen oder Gegenstände gesehen, die andere nicht sehen konnten?"* (Falls ja) *„Können Sie mir das genauer beschreiben?"* Evtl. ist es notwendig, Beispiele zu nennen (z. B. Lichtblitze an der Wand).
51. Körperhalluzinationen	S	— *„Gehen in Ihrem Körper merkwürdige Dinge vor?"* (Falls ja) *„Wie merken Sie das?"* (genauer beschreiben lassen!) — *„Haben Sie das Gefühl, daß an Ihrem Körper irgend etwas Außergewöhnliches verändert ist?"* (genau beschreiben lassen!)
52. Geruchs- und Geschmackshalluzinationen	S	— *„Haben Sie in letzter Zeit merkwürdige Gerüche bemerkt? Oder haben Speisen oder Getränke irgendwie anders als sonst geschmeckt?"* (genau beschreiben lassen!)

4.9 Ich-Störungen

Allgemeine Vorbemerkungen

Berichtet der Patient selbst von derartigen Erlebnissen, so sollte man in Abhängigkeit von der bestehenden Beziehung zum Patienten vorsichtig weiterfragen und ihn um genauere Beschreibungen bitten. Es ist günstig, wenn man dem Patienten mit vergleichenden Bemerkungen zu wirklich möglichen Erlebnissen zu Hilfe kommt, um das Abnorme etwas abzuschwächen („Manchmal berichten Menschen darüber, daß ..."). Die Unterstützung erleichtert ihm die Fortsetzung seiner Erklärungen und mögliche Zwischenfragen zur Präzisierung verlieren an Schärfe.

Bei der Erstuntersuchung kann die Erfassung von Ich-Störungen Schwierigkeiten bereiten, wenn der Patient nicht spontan darüber berichtet, da Mißtrauen oder Ängstlichkeit ihn verunsichern und Zweifel an den Erlebnissen eine große Rolle spielen. Aus diesem Grund empfiehlt es sich, auch bei Negierung der Einstiegsfrage die spezifischen Fragen zu den einzelnen Symptomen zu stellen, wenn sich auch nur ein Verdacht auf das Vorliegen von Ich-Störungen ergibt (z. B. Patient berichtet über verändertes Erleben).

Einstiegsfrage

„Haben Sie vielleicht in letzter Zeit beobachtet, daß Sie oder daß Ihre Umgebung sich verändert haben?"
„Ich möchte jetzt mit Ihnen darüber reden, ob sich in Ihrem Erleben oder um Sie herum irgend etwas verändert hat." (Falls ja) *„In welcher Weise? Können Sie mir das näher beschreiben?"*
„Haben Sie das Gefühl, alles ist wie unwirklich, wie in einem Traum?"
„Fühlen Sie sich von anderen Menschen wie abgeschirmt?"

Symptom	SF	Beispielfrage und/oder Anmerkungen
53. Derealisation	S	— „Kommt Ihnen die sonst vertraute Umgebung in letzter Zeit irgendwie verändert oder fremd vor? Haben sich Ihre Sinneseindrücke verändert? Sehen Sie z. B. Farben anders, hören Sie Musik leiser, schmeckt das Essen fade (wie Pappe)?"

Symptom	SF	Beispielfrage und/oder Anmerkungen
54. Depersonalisation	S	— „Kommen Sie sich irgendwie fremd, verändert vor?" — „Fühlen Sie sich selbst irgendwie körperlich verändert?" — „Haben Sie sich überhaupt verändert, sind Sie heute eine andere Person als früher?"
55. Gedankenausbreitung	S	— „Meinen Sie, andere kennen Ihre Gedanken, können wissen, was Sie gerade denken?" (Falls ja) „Geben Sie mir ein Beispiel dafür."
56. Gedankenentzug	S	— „Haben Sie den Eindruck, andere können Ihre Gedanken wegnehmen?" (Kann im Zusammenhang mit Sperrung und Gedankenabreißen exploriert werden.)
57. Gedankeneingebung	S	— „Haben Sie manchmal das Gefühl, Gedanken zu denken, die gar nicht von Ihnen stammen, die man Ihnen gemacht hat?" — „Haben Sie manchmal den Eindruck, daß die Gedanken nicht Ihre eigenen sind?" — „Haben Sie das Gefühl, Ihre Gedanken werden von anderen (z. B. außenstehenden Mächten oder Personen) beeinflußt oder gelenkt?" (Falls ja, genau schildern lassen.)
58. Andere Fremdbeeinflussungserlebnisse	S	— „Manche Menschen haben gelegentlich das Gefühl, hypnotisiert zu werden, gleichsam ferngesteuert zu sein. Kennen Sie ein solches Gefühl, beeinflußt zu werden, auch?" (Falls ja) „Können Sie mir bitte ein Beispiel dafür geben." — „Haben Sie sonst irgendwie das Gefühl, von anderen gesteuert oder beeinflußt zu werden?"(Beispiel nennen, z. B. bestrahlt oder hypnotisiert zu werden.)

4.10 Störungen der Affektivität

Allgemeine Vorbemerkungen

Dieser Merkmalsbereich muß sowohl durch gezieltes Fragen als auch durch Verhaltensbeobachtung in der Interviewsituation beurteilt werden. Über diesen Merkmalsbereich bietet sich auch ein Einstieg in das Gespräch an.

Einstiegsfrage

„Können Sie mir berichten, wie es Ihnen z. Zt. von der Stimmung und vom Befinden her geht?"

Symptom	SF	Beispielfrage und/oder Anmerkungen
59. Ratlos	sF	Dieses Symptom ist meist aus dem Verhalten zu schließen und muß dann näher exploriert werden. — *„Ich habe den Eindruck, Sie haben im Augenblick nicht so richtig den Durchblick, stimmt das?"* — *„Ich habe den Eindruck, daß Sie im Augenblick gar nicht so recht wissen, was los ist?"*
60. Gefühl der Gefühllosigkeit	S	— *„Hat sich irgend etwas in Ihrem Gefühlsleben verändert?"* — *„Können Sie die Vielfalt der unterschiedlichen Gefühle von großer Freude über Ärger bis Trauer im Augenblick spüren?"* *„Falls sich etwas verändert hat, können Sie dies beschreiben?"* — *„Können Sie traurig sein oder sich freuen? Oder ist es eher innerlich wie leer?"* — *„Können Sie Gefühle für andere empfinden, lachen oder weinen?"* — *„Haben Sie den Eindruck, daß Ihre Gefühle wie abgestorben oder versteinert sind (innerlich leer, tot, starr)?"* Evtl. ist es notwendig, Beispielsituationen zu nennen (z. B. Können Sie sich freuen, wenn Besuch kommt).
61. Affektarm	F	
62. Störung der Vitalgefühle	S	— *„Wie fühlen Sie sich insgesamt körperlich?"* (Wichtig: möglichst genau beschreiben lassen.)

Symptom	SF	Beispielfrage und/oder Anmerkungen
		– *„Haben Sie das Gefühl, daß Ihre Lebendigkeit, Ihr Schwung, Ihre Frische sich verringert haben? Fühlen Sie sich eher niedergeschlagen, kraftlos, schlapp oder müde?"*
63. Deprimiert	sF	– *„Wie fühlen Sie sich im Augenblick?"* – *„Wie würden Sie Ihre augenblickliche Stimmung beschreiben?"* – *„Sind Sie traurig?", „Fühlen Sie sich niedergeschlagen?"*
64. Hoffnungslos	Sf	– *„Können Sie sich vorstellen, daß alles wieder gut wird?"* – *„Wenn Sie in die Zukunft schauen, was meinen Sie, wird es wieder aufwärts gehen mit Ihnen?"* – *„Mit welchem Gefühl sehen Sie in die Zukunft?"*
65. Ängstlich	Sf	Dieses Symptom kann im Zusammenhang mit Phobien exploriert werden. – *„Ängstigen Sie sich im Augenblick mehr als üblich?"* (Falls ja) *„Geben Sie bitte ein Beispiel."* – *„Gab es in den letzten Tagen Gefühle von Ängstlichkeit?"* (Falls ja, genau schildern lassen und auch nach spezifischen auslösenden Momenten fragen.) – *„Haben Sie Angst, weil Sie erwarten, daß etwas Schlimmes passieren könnte?"* – *„Kennen Sie auch plötzliche Anfälle oder Attacken von Angst, bei denen Sie sich sehr unwohl fühlten?"*
66. Euphorisch	sF	Dieses Symptom ist gut zu beobachten und kann im Zusammenhang mit Symptom 72 „gesteigerte Selbstwertgefühle" exploriert werden. Wenn sich Hinweise ergeben, genauer nachfragen: – *„Fühlen Sie sich besonders froh, fast euphorisch?"* – *„Wie ist Ihre Stimmung? Sind Sie z. Zt. besonders gut gelaunt?"* – *„Ich habe das Gefühl, Sie sind im Augenblick besonders gut gestimmt. Stimmt das?"*

Symptom	SF	Beispielfrage und/oder Anmerkungen
67. Dysphorisch	sf	– „Ich erlebe Sie im Augenblick ziemlich verstimmt und mißmutig, ist das richtig?" – „Sind Sie im Augenblick irgendwie schlecht gelaunt?"
68. Gereizt	sf	Dieses Symptom ist hauptsächlich zu beobachten. Es kann jedoch auch nachgefragt werden: – „Ich spüre im Augenblick eine gewisse Gereiztheit bei Ihnen. Stimmt das?"
69. Innerlich unruhig	S	– „Können Sie mir beschreiben, wie es in Ihrem Innern aussieht?" – „Fühlen Sie sich innerlich aufgewühlt?" – „Spüren Sie eine innere Spannung oder Unruhe?"
70. Klagsam/ jammerig	F	
71. Insuffizienzgefühle	S	– „Hat Ihr Leistungsvermögen nachgelassen? Gelingen Ihnen Dinge heute nicht mehr so wie früher?" (Falls ja, Beispiele nennen lassen.) – „Glauben Sie manchmal, daß Sie weniger wert sind als andere Menschen?" – „Wie schätzen Sie selbst Ihre Leistungsfähigkeit ein?"
72. Gesteigertes Selbstwertgefühl	sf	Kann schon bei Symptom 66 „euphorisch" exploriert werden. – „Trauen Sie sich im Augenblick besonders viel zu?" – „Fühlen Sie sich besonders stark und leistungsfähig?" – „Sind Sie selbstbewußter geworden?" – „Haben Sie besondere Pläne?"
73. Schuldgefühle	S	Dieses Symptom kann im Zusammenhang mit Symptom 20 „Grübeln" exploriert werden. – „Gibt es etwas, was Sie sich vorwerfen?" – „Sind Sie besonders kritisch mit sich selbst?" – „Machen Sie sich Gedanken darüber, etwas falsch gemacht zu haben?"

Symptom	SF	Beispielfrage und/oder Anmerkungen
		— *„Manchmal fühlen sich Patienten im Zusammenhang mit bestimmten Ereignissen oder Begebenheiten, die viele Jahre zurückliegen, schuldig. Haben Sie z. Zt. derartige Gefühle oder werfen Sie sich ganz bestimmte Dinge vor? Haben Sie Gewissensbisse?"* (Falls ja) *„Wie sehen diese aus?"*
		— *„Fühlen Sie sich für bestimmte Taten, Dinge oder Gedanken verantwortlich?"* (Beispiele: andere enttäuscht zu haben.)
74. Verarmungs-gefühle	S	— *„Fürchten Sie, nicht genug Geld zum Lebensunterhalt zu haben?"* — *„Ist Ihre Rente (Verdienst, Einkommen) ausreichend?"*
75. Ambivalent	Sf	— *„Kommt es vor, daß Sie ganz gegensätzliche Gedanken oder Gefühle gleichzeitig denken oder fühlen müssen?"* (Falls ja, Beispiele nennen lassen).
76. Parathymie	F	— *„Erleben Sie verschiedene Gefühle gleichzeitig in sich?"* (Evtl. Beispiel nennen: Jemanden gleichzeitig lieben und hassen.)
77. Affektlabil	sF	Falls beobachtet, gezielt nachfragen. — *„Haben Sie beobachtet, daß sich Ihre Stimmung manchmal von einer Minute zur anderen verändert?"* — *„Sind Sie leicht verletzt und bewegt?"*
78. Affekt-inkontinent	sF	— *„Müssen Sie in letzter Zeit bei Anlässen weinen, bei denen das sonst nicht der Fall war?"* (Evtl. Beispiele geben wie Spielfilme, Abspielen der Nationalhymne.) Bei Verdacht bestimmte auslösende Situation oder Themen (sog. „Trigger") mehrfach vorgeben. — *„Haben Sie beobachtet, bestimmte Gefühle manchmal gar nicht richtig kontrollieren zu können?"*
79. Affektstarr	F	

4.11 Antriebs- und psychomotorische Störungen

Allgemeine Vorbemerkungen

Dieser Bereich ist meist schon durch die genaue Verhaltensbeobachtung oder durch die Schilderung des Patienten zu beurteilen sowie dann mit gezielten Fragen weiter zu überprüfen. Manchmal ist es gerade in diesem Bereich notwendig, fremdanamnestische Informationen vom Pflegepersonal und von Angehörigen einzuholen.

Einstiegsfrage

„Ich möchte jetzt mit Ihnen darüber sprechen, wie es mit Ihrer Energie, Initiative bestellt ist, bestimmte Dinge zu tun. Wie sieht es im Augenblick mit Ihren Aktivitäten während des Tages aus?"

Symptom	SF	Beispielfrage und/oder Anmerkungen
80. Antriebsarm	SF	— *„Wie steht es mit Ihrem Schwung, Ihrer Tatkraft, Ihrem Unternehmungsgeist?"* (alternativ: Elan) — *„Womit haben Sie in den letzten Tagen Ihre Zeit verbracht?"*
81. Antriebsgehemmt	S	— *„Gehen Ihnen z.Zt. alltägliche Dinge schwerer von der Hand?"* — *„Haben Sie Schwierigkeiten, sich zu etwas durchzuringen?"* — *„Fühlen Sie sich in Ihrer Tatkraft irgendwie gebremst?"* — *„Brauchen Sie für alles mehr Kraft als üblich, als ob Sie gegen einen Widerstand angehen müssen?"*
82. Antriebsgesteigert	sF	Dieses Symptom kann auch im Zusammenhang mit „sozialer Umtriebigkeit" exploriert werden. — *„Sind Sie z.Zt. aktiv, besonders unternehmungslustig?"* — *„Unternehmen Sie mehr Dinge als sonst?"*
83. Motorisch unruhig	SF	Dieses Symptom ist insbesondere während des Gesprächs zu beobachten. Es muß jedoch auch nachgefragt werden, wie es in anderen Situationen ist (z.B. auf der Station).

Symptom	SF	Beispielfrage und/oder Anmerkungen
		— „Fällt es Ihnen schwer, auf einem Platz ruhig zu sitzen?"
		— „Müssen Sie öfter auf- und ablaufen, weil Sie so unruhig sind?"
		— „Fällt es Ihnen manchmal schwer, ruhig im Bett liegen zu bleiben?"
84. Parakinesen	F	
85. Manieriert-bizarr	F	
86. Theatralisch	F	
87. Mutistisch	F	
88. Logorrhoisch	sF	Bei Verdacht kann nachgefragt werden: — „Mir scheint, Sie sprechen mehr als üblich? Könnte das stimmen?"

4.12 Circadiane Besonderheiten

Allgemeine Vorbemerkungen

Dieser Fragenkomplex kann im Zusammenhang mit Stimmung und Antrieb resp. im Anschluß an Schlafstörungen erfragt werden.

Einstiegsfrage

„Manche Menschen fühlen sich regelmäßig am Tag – morgens oder abends – besser bzw. schlechter. Kennen Sie solche regelhaften Veränderungen der Befindlichkeit auch?"
„Gibt es Tageszeiten, an denen Sie sich besonders schlecht (gut) fühlen?"
„Sie haben mir vorher darüber berichtet, wie Ihre momentane Stimmung ist. Ist dieser Zustand morgens und abends immer gleich oder ändert sich dieser über den Tag hinweg (im Laufe des Tages) irgendwie?"

Symptom	SF	Beispielfrage und/oder Anmerkungen
89. Morgens schlechter	Sf	— „Fühlen Sie sich morgens schlechter als abends?"

Symptom	SF	Beispielfrage und/oder Anmerkungen
90. Abends schlechter	Sf	— *„Geht es Ihnen eher abends schlechter im Vergleich zum Morgen?"*
91. Abends besser	Sf	— *„Oder geht es Ihnen eher abends besser?"*

4.13 Andere Störungen

Allgemeine Vorbemerkungen

Dieser Merkmalsbereich ist als eine Restkategorie von sehr unterschiedlichen Symptomen anzusehen und sollte sinnvollerweise am Ende des Gesprächs abgefragt werden, falls die Symptome nicht bereits im Laufe des Gesprächs abgeklärt werden konnten.

Einstiegsfrage

„Ich möchte Sie jetzt noch einige Dinge fragen, die wir bisher noch nicht angesprochen haben."

Symptom	SF	Beispielfrage und/oder Anmerkungen
92. Sozialer Rückzug	SF	— *„Treffen Sie sich noch genauso oft wie üblich mit Ihren Freunden?"* — *„Suchen oder vermeiden Sie z. Zt. die Gesellschaft anderer häufiger als gewöhnlich?"* — *„Können Sie mir erzählen, wie z. Zt. Ihre Kontakte zu anderen Menschen sind?"* (Evtl. erläutern: eher zurückgezogen oder mehr Kontakt?)
93. Soziale Umtriebigkeit	sF	— *„Unternehmen Sie in letzter Zeit häufiger etwas mit anderen Menschen?"* (Falls ja) *„Können Sie es mir bitte näher erklären?"* Bei Beobachtung von euphorischem und logorrhoischem Verhalten kann sich die Frage zu diesem Symptom anschließen: — *„Ich könnte mir vorstellen, daß Sie z. Zt. eher häufig mit Freunden/Bekannten zusammentreffen, mehr Kontakt zu anderen Menschen haben. Stimmt das?"* (Beispiele nennen lassen.)

Symptom	SF	Beispielfrage und/oder Anmerkungen
94. Aggressivität	sF	— *„Sind Sie in letzter Zeit häufig in Streit mit anderen Menschen geraten? Haben Sie mehr geschimpft, was sonst nicht Ihre Art ist?"* — *„Sind Sie manchmal sogar wegen Kleinigkeiten mit anderen aneinander geraten?"*
95. Suizidalität	Sf	Wird am besten bei Abklärung der Stimmung mit überprüft. — *„Kennen Sie Gedanken, daß das Leben nicht mehr lebenswert ist, daß es am besten ist, tot zu sein?"* — *„Würden Sie sich am liebsten das Leben nehmen?"* — *„Denken Sie in Ihrer jetzigen Situation daran, ‚Schluß zu machen', sich umzubringen?"* — *„Haben Sie in letzter Zeit einen Suizidversuch unternommen?"* — *„Haben Sie gelegentlich einfach den Wunsch, nicht mehr da zu sein?"* — *„Haben Sie in den letzten Tagen den Gedanken gehabt, es wäre auch gut, einfach nicht mehr aufzuwachen?"*
96. Selbstbeschädigung	SF	— *„Haben Sie sich in letzter Zeit irgendwelche Verletzungen selbst zugefügt?"*
97. Mangel an Krankheitsgefühl	sF	— *„Fühlen Sie sich im Augenblick krank?"* — *„Meinen (glauben) Sie, daß Sie krank sind?"*
98. Mangel an Krankheitseinsicht	sF	— *„Meinen Sie, daß alles, worüber wir bisher gesprochen haben, etwas mit Krankheit zu tun hat – Zeichen einer Krankheit ist?"* — *„Ihre Beschwerden, die Sie mir geschildert haben, könnten diese Zeichen einer Erkrankung sein?"* — *„Oder könnte es dafür eine andere Erklärung geben?"*
99. Ablehnung der Behandlung	sF	Beim **Erstinterview**: — *„Wir glauben, daß Sie krank sind und behandelt werden müssen. Was meinen Sie, können Sie sich auf eine Behandlung einlassen?"*

Symptom	SF	Beispielfrage und/oder Anmerkungen
		Beim **Wiederholungsinterview**:
		— *„Meinen Sie, daß es richtig ist, daß Sie auch weiterhin behandelt werden müssen?"*
		— *„Sie sind jetzt seit einigen Wochen bei uns in Behandlung. Meinen Sie, daß diese Behandlung gut (richtig) für Sie ist?"*
100. Pflege-bedürftig	F	Hier kommt es auch auf die Berichte von Angehörigen bzw. dem Pflegepersonal an (z. B. behaupten Demente oft, alles zu können, obwohl sie in Pflegestufe 3 sind).
		— *„Benötigen Sie zur Bewältigung alltäglicher Anforderungen (z. B. sich waschen, anziehen) Hilfe von anderen?"*
		— *„Müssen andere Ihnen helfen, um mit dem täglichen Leben fertig zu werden (z. B. sich anzuziehen)?"*

4.14 Somatischer Befund

Allgemeine Vorbemerkungen

Beim somatischen Befund muß der Untersucher selbst entscheiden, welche Symptome erfragt werden sollen. Ist eine Weiterverwendung der Befunde auf Syndromebene vorgesehen, so sind zumindest diejenigen Symptome zu erfragen, die in diesen Syndromen enthalten sind (Depressives und Vegetatives Syndrom; vgl. Kapitel 3.4 und Anhang).

Wenn man an einer genauen Erfassung interessiert ist, hat es sich bewährt, dem Patienten Hilfestellungen zu geben, indem man einzelne Körperregionen anspricht (beginnend am Kopf über Rücken, Herz, Magen bis zu den Füßen).

Wichtig: Die Erhebung der Symptome dieses Bereiches entbindet den Arzt selbstverständlich nicht von einer eingehenden körperlichen Untersuchung!

Einstiegsfrage

„Haben Sie zur Zeit irgendwelche körperliche Beschwerden?"
oder

*„Neben dem Gefühl einer schlechten Stimmung (o. ä.)
berichten Patienten häufig über körperliche Beschwerden.
Haben Sie solche auch?"* (Falls ja) „Welche?"

Im Anschluß an diese Fragen den Patienten zunächst berichten
lassen, um dann gezielter die einzelnen Bereiche abzufragen.

Im folgenden sind nur Beispielfragen für diejenigen Symptome
aufgeführt, die für die Syndrom- oder Skalenbildung bedeutsam
sind.

Merkmalsbereiche	SF	Beispielfrage und/oder Anmerkungen
Schlaf- und Vigilanzstörungen	S	— *„Können Sie mir näher beschreiben, wie es im Augenblick mit Ihrem Schlaf klappt?"* Im Anschluß daran gezielter nachfragen (Einschlafen, Durchschlafen, Verkürzung der Schlafdauer, Früherwachen).
		— *„Wann sind Sie in letzter Zeit immer ins Bett gegangen?" „Konnten Sie dann gleich einschlafen?"* (Falls ja) *„Wie lange haben Sie so wachgelegen?"* (Symptom 101: „Einschlafstörungen")
		— *„Nachdem Sie eingeschlafen sind, konnten Sie durchschlafen oder sind Sie zwischendurch wieder aufgewacht?"* (Symptom 102: „Durchschlafstörungen")
		— *„Schlafen Sie z. Zt. weniger als wenn es Ihnen gut geht?"* (Symptom 103: „Verkürzung der Schlafdauer")
		— *„Wann wachen Sie gegen Morgen auf?"*
		— *„Ist das früher als sonst?"*
		— *„Können Sie dann noch einmal wieder einschlafen?"* (Symptom 104: „Früherwachen")
Appetenzstörungen	S	— *„Wie steht es im Augenblick mit Ihrem Appetit? Können Sie mit Freude essen, trinken?"* (Symptom 106: „Appetit vermindert")

Merkmalsbereiche	SF	Beispielfrage und/oder Anmerkungen
Gastrointestinale Störungen	S	– *„Haben Sie in den letzten Tagen das Gefühl von Übelkeit bei sich beobachtet?"* (Symptom 112: *„Übelkeit"*)
Kardio-respiratorische Störungen	S	– *„Haben Sie in den letzten Tagen Beschwerden beim Atmen beobachtet? Z. B. das Gefühl erlebt, nicht richtig durchatmen zu können oder sogar Erstickungsgefühle erlebt?"* (Symptom 117: „Atembeschwerden")
	S	– *„War Ihnen in den letzten Tagen manchmal schwindelig?"* (Falls ja) *„In welchen Situationen war dies?"* (Symptom 118: „Schwindel")
	S	– *„Spüren Sie manchmal Ihr Herz besonders stark"* (Falls ja) *„Können Sie das genauer beschreiben?"* (Symptom 119: „Herzklopfen")
Andere vegetative Störungen	S	– *„Haben Sie in den letzten Tagen mehr als sonst geschwitzt?"* (Falls ja) *„In welchen Situationen war das?"* (Symptom 122: „Schwitzen vermehrt")
Weitere Störungen	S	– *„Oder gab es manchmal (auch) Gefühle von aufsteigender Hitze oder Hitzewallungen?"* (Symptom 129: „Hitzegefühl")
	S	– *„Haben Sie gegenwärtig irgendwelche Beschwerden im Kopfbereich?"* (Falls ja) *„Können Sie diese näher beschreiben?"* (Symptom 126: „Kopfdruck")

4.15 Beendigung des Interviews

Das Ende eines Interviews sollte rechtzeitig angekündigt und mit einer kurzen **Zusammenfassung der Hauptbeschwerden** eingeleitet werden, um dem Patienten zu zeigen, daß man ihn verstanden hat. Dies kann z. B. erfolgen mit:

„Sie haben mir berichtet, daß Sie ... Habe ich Sie da richtig verstanden?"

Im Anschluß daran bieten sich folgende Fragen an:

„Gibt es für Sie noch wichtige Dinge, Beschwerden oder Probleme, über die Sie noch nicht berichtet haben?"
„Gibt es noch etwas für Sie Wichtiges, das wir bisher noch nicht angesprochen haben?"
„Habe ich irgend etwas vergessen zu fragen, was Ihnen wichtig ist und was ich noch wissen sollte?"

Am **Ende des Gesprächs** sollte dem Patienten für die Mitarbeit gedankt und bei einer geplanten Wiederholung oder Fortsetzung bereits auf diese hingewiesen werden. Wichtig ist auch (entsprechend den allgemeinen Grundregeln der Gesprächsführung) gerade am Ende des Gesprächs dem Patienten Hoffnung zu vermitteln im Hinblick auf die Zukunft und die Besserung seines momentanen Zustandes.

5 Schlußbemerkungen

Die Entwicklung dieses Interviewleitfadens folgt dem allgemeinen Trend, den Prozeß der diagnostischen Untersuchung zu präzisieren. Er hat das Ziel, die psychopathologische Befunderhebung mit dem AMDP-System zu unterstützen und dem Anwender Hilfestellung bei der Informationserhebung zu geben.

Das vorliegende halbstrukturierte Interview, basierend auf dem AMDP-System, soll eine für die psychopathologische und somatische Befunderhebung bestehende Lücke im deutschsprachigen Raum schließen.

Obwohl der Interviewleitfaden seit vielen Jahren in der praktischen Anwendung ist, sind wir weiterhin daran interessiert, ihn zu verbessern und weiterzuentwickeln. Deshalb bitten wir auch in Zukunft alle Anwender und Nutzer des Leitfadens, uns ihre Erfahrungen und Kritik mitzuteilen, da bei einer eventuellen neuen Auflage diese dort einfließen können.

Diese sind zu richten an:

Prof. Dr. med.
Erdmann Fähndrich
Psychiatrische Abteilung
Krankenhaus Neukölln
Rudowerstraße 48
D-12352 Berlin

PD Dr. rer. nat.
Rolf-Dieter Stieglitz
Universitätsklinik für Psychiatrie
und Psychosomatik
Abteilung für Psychiatrie
und Psychotherapie mit Poliklinik
Hauptstraße 5
D-79104 Freiburg

Literatur

AMDP (1979). *Das AMDP-System. Manual zur Dokumentation psychiatrischer Befunde* (3. Aufl.). Berlin: Springer.

AMDP (1981). *Das AMDP-System. Manual zur Dokumentation psychiatrischer Befunde* (4. Aufl.). Berlin: Springer.

AMDP (1995). *Das AMDP-System. Manual zur Dokumentation psychiatrischer Befunde* (5., überarbeitete Aufl.). Göttingen: Hogrefe.

AMDP (1997). *Das AMDP-System. Manual zur Dokumentation psychiatrischer Befunde* (6., unveränderte Aufl.). Göttingen: Hogrefe.

AMDP & CIPS (1990). *Ratingscales for psychiatry*. Weinheim: Beltz.

Andreasen, N. C. & Black, D. W. (1992). *Lehrbuch Psychiatrie*. München: Psychologie Verlagsunion.

Angst, J., Battegay, R., Bente, D., Berner, P., Broeren, W., Cornu, F., Dick, P., Engelmeier, M. P., Heimann, H., Helmchen, H., Hippius, H., Pöldinger, W., Schmidlin, P., Schmitt, W. & Weis, P. (1969). Das Dokumentations-System der Arbeitsgemeinschaft für Methodik und Dokumentation in der Psychiatrie (AMP). *Arzneimittel Forschung, 19*, 399–405.

Baumann, U. & Seidenstücker, G. (1977). Zur Taxonomie und Bewertung psychologischer Untersuchungsverfahren bei Psychopharmakaprüfungen. *Pharmakopsychiatrie, 10*, 165–175.

Baumann, U. & Stieglitz, R.-D. (1983). *Testmanual zum AMDP-System*. Berlin: Springer.

Baumann, U. & Stieglitz, R.-D. (1989). Evaluation des AMDP-Systems anhand der neueren Literatur (1983–1987). *Fortschritte der Neurologie und Psychiatrie, 57*, 357–373.

Baumann, U. & Stieglitz, R.-D. (1997). Das AMDP-System: ein psychologischer Test? In H.-J. Haug & R.-D. Stieglitz (Hrsg.), *Das AMDP-System in der klinischen Anwendung und Forschung* (S. 30–41). Göttingen: Hogrefe.

Beck, A. T., Ward, C., Mendelson, M., Mock, J. & Erlbaugh, J. (1962). Reliability of pychiatric diagnosis. 2. A study of consistency of clinical judgements and ratings. *American Journal of Psychiatry, 119*, 351–357.

Bellebaum, A. (1976). Interview. In W. Arnold, H. J. Eysenck & R. Meili (Hrsg.), *Lexikon der Psychologie* (S. 219–223). Freiburg: Herder.

Berger, M. & Stieglitz, R.-D. (1997). Die Bedeutung des AMDP-Systems in der Facharztweiterbildung. In H.-J. Haug & R.-D. Stieglitz (Hrsg.), *Das AMDP- System in der klinischen Anwendung und Forschung* (S. 124–127). Göttingen: Hogrefe.

Bleuler, E. (1983). *Lehrbuch der Psychiatrie* (15. Aufl.). Berlin: Springer.

Bobon, D. (1983). Foreign adaptations of the AMDP-System. In D. Bobon, U. Baumann, J. Angst, H. Helmchen & H. Hippius (Eds.), *AMDP-System in pharmacopsychiatry* (pp. 19–34). Basel: Karger.

Bortz, J. (1984). *Lehrbuch der empirischen Forschung für Sozialwissenschaftler*. Berlin: Springer.

Busch, H. & Vogel, H. P. (1977). Unterschiedliches Dokumentationsverhalten: Frei formulierter vs. standardisierter psychopathologischer Befund (AMP-Beleg 3). *Methodik der Information in der Medizin, 16*, 131–137.

CIPS (1996). *Internationale Skalen für Psychiatrie* (4., überarbeitete Aufl.). Göttingen: Beltz.

Cording, C., Gaebel, W., Spengler, P., Stieglitz, R.-D., Geiselhart, H., John, U., Netzold, D. & Schönell, H. (1995). Die neue Basisdokumentation. Eine Empfehlung der DGPPN zur Qualitätssicherung im (teil-) stationären Bereich. *Spektrum der Psychiatrie, Psychotherapie und Nervenheilkunde, 24*, 3–41.

Dittmann, V. (1996). Die psychiatrische Untersuchung. In B. Neundörfer, E. Schneider, V. Dittmann & W. Pöldinger (Hrsg.), *Bildatlas der Psychiatrie* (S. 270–271). Karlsruhe: Braun.

Fähndrich, E. (1979). Erfassung und Dokumentation psychopathologischer Befunde. In M. Bergener (Hrsg.), *Mehrdimensionale Psychiatrie* (S. 47–72). Düsseldorf: Janssen.

Fähndrich, E., Helmchen, H. & Hippius, H. (1983) . The history of the AMDP-System. In D. Bobon, U. Baumann, J. Angst, H. Helmchen & H. Hippius (Eds.), *AMDP-System in psychopharmacology* (pp. 1–9). Basel: Karger.

Fähndrich, E. & Renfordt, E. (1985). The AMDP-System for the documentation of psychiatric symptoms: Course and effectivity of a training seminar. *Pharmacopsychiatry, 18*, 278–281.

Fähndrich, E. & Woggon, B. (1997). Geschichte der AMDP. In H.-J. Haug & R.-D. Stieglitz (Hrsg.), *Das AMDP-System in der klinischen Anwendung und Forschung* (S. 15–20). Göttingen: Hogrefe.

Freyberger, H. J., Ermer, A. & Stieglitz, R.-D. (1996). Psychiatrische Untersuchung und Befunderhebung. In H. J. Freyberger & R.-D. Stieglitz (Hrsg.), *Kompendium der Psychiatrie und Psychotherapie* (S. 2–23). Basel: Karger.

Freyberger, H. J. & Stieglitz, R.-D. (Hrsg.). (1996). *Kompendium der Psychiatrie und Psychotherapie.* Basel: Karger.

Gastpar, M. T., Kasper, S. & Linden, M. (Hrsg.). (1996). *Psychiatrie.* Berlin: de Gryuter.

Gebhardt, R., Pietzcker, A., Strauss, A., Stoeckel, M., Langer, C. & Freudenthal, K. (1983). Skalenbildung im AMDP-System. *Archiv für Psychiatrie und Nervenkrankheiten, 233*, 223–245.

Hamilton, M. (1967). Development of a rating scale for primary depressive illness. *British Journal of Social and Clinical Psychology, 6*, 278–296.

Haug, H.-J. & Stieglitz, R.-D. (Hrsg.). (1997). *Das AMDP-System in der klinischen Anwendung und Forschung.* Göttingen: Hogrefe.

Heimann, H. & Rein, W. (1983). Rater training for the use of psychiatric rating scales: Recommendations for the AMDP-System. In D. Bobon, U. Baumann, J. Angst, H. Helmchen & H. Hippius (Eds.), *AMDP-System in psychopharmacology* (pp. 119–124). Basel: Karger.

Helzer, J. E. (1981). The use of structured diagnostic interview for routine psychiatric evaluations. *Journal of Mental Disease, 169*, 45–49.

Hoff, P. (1995). Allgemeine Einführung in die Psychopathologie. *TW Neurologie Psychiatrie, 9*, 182–188.

Hoff, P. (1997). Historische Aspekte psychopathologischer Befunderhebung. In H.-J. Haug & R.-D. Stieglitz (Hrsg.), *Das AMDP-System in der klinischen Anwendung und Forschung* (S. 7–14). Göttingen: Hogrefe.

Hron, A. (1982). Interview. In G. L. Huber & H. Mandl (Hrsg.), *Verbale Daten* (S. 119–140). Weinheim: Beltz.

Kasper, S. & Stieglitz, R.-D. (1992). *Strukturierter Interviewleitfaden zur Hamilton Depressionsskala (HAMD) in Anlehnung an J. B. W. Williams (1988).* Unveröffentlichtes Manuskript.

Kessler, B. H. (1988). Daten aus dem Interview. In R. S. Jäger (Hrsg.), *Psychologische Diagnostik* (S. 363–372). München: Psychologische Verlags Union.

Kind, H. (1997). *Psychiatrische Untersuchung. Ein Leitfaden für Studierende und Ärzte in Praxis und Klinik* (5. Aufl.). Berlin: Springer.

Lienert, G. A. & Raatz, U. (1994). *Testaufbau und Testanalyse* (5., überarbeitete u. erweiterte Aufl.). Weinheim: Beltz.

Möller, H.-J., Laux, G. & Deister, A. (1996). *Psychiatrie.* Stuttgart: Hippokrates.

Mombour, W. (1996). Die neuen nosologischen Klassifikationsverfahren DSM-III/DSM-III-R und ICD-8/9/10. In V. Faust (Hrsg.), *Psychiatrie* (S. 17–29). Stuttgart: Fischer.

Mormont, C. (1987). Systématisation de l'entretien clinique en fonction des échelles AMDP. *Acta Psychiatrica Belgica*, *8*, 61–68.

Neumann, J., Greger, J., Littmann, E. & Ott, J. (1984). *Psychiatrischer Untersuchungskurs*. Stuttgart: Thieme.

Othmer, E. & Othmer, S. C. (1994). *The clinical interview using DSM-IV. Volume 1: Fundamentals*. Washington: American Psychiatric Press.

Pietzcker, A., Gebhardt, R., Strauss, A., Stöckel, M., Langer, C. & Freudenthal, K. (1983). The syndrome scales in the AMDP-System. In D. Bobon, U. Baumann, J. Angst, H. Helmchen & H. Hippius (Eds), *The AMDP-System in psychopharmacology* (pp. 88–99). Basel: Karger.

Saghir, M. T. (1971). A comparison of some aspects of structured and unstructured psychiatric interviews. *American Journal of Psychiatry*, *128*, 180–184.

Scharfetter, C. (1971). *Das AMP-System*. Berlin: Springer.

Scharfetter, C. (1983). The psychopathological background of the AMDP-System. In D. Bobon, U. Baumann, J. Angst, H. Helmchen & H. Hippius (Eds.), *The AMDP- System in psychopharmacology* (pp. 46–54). Basel: Karger.

Scharfetter, C. (1985). *Allgemeine Psychopathologie*. Stuttgart: Thieme.

Schaub, R. T., Haug, H.-J., Schönell, H. & Linden, M. (1997). Qualitätssicherung und Basisdokumentation mit dem AMDP-System. In H.-J. Haug & R.-D. Stieglitz (Hrsg.), *Das AMDP-System in der klinischen Anwendung und Forschung* (S. 71 –77). Göttingen: Hogrefe.

Schmidt, L. R. & Kessler, B. H. (1976). *Anamnese*. Weinheim: Beltz.

Stieglitz, R.-D. & Ahrens, B. (1994). Fremdbeurteilungsverfahren. In R.-D. Stieglitz & U. Baumann (Hrsg.), *Psychodiagnostik psychischer Störungen* (S. 79–94). Stuttgart: Enke.

Stieglitz, R.-D., Fähndrich, E. & Renfordt, E. (1988). Interrater study for the AMDP-system. *Pharmacopsychiatry*, *21*, 451–452.

Stieglitz, R.-D. & Freyberger, H. J. (1998, im Druck). Psychiatrische Untersuchung und Befunderhebung. In M. Berger (Hrsg.), *Lehrbuch der Psychiatrie und Psychotherapie*. München: Urban & Schwarzenberg.

Stieglitz, R.-D., Freyberger, H.-J. & Haug, H.-J. (1997). Symptomatologische, syndromatologische und klassifikatorische Diagnostik mit dem AMDP-System. In H.-J. Haug & R.-D. Stieglitz (Hrsg.), *Das AMDP-System in der klinischen Anwendung und Forschung* (S. 66–135). Göttingen: Hogrefe.

Stieglitz, R.-D. & Schaub, R. T. (1997). Syndrombildung im AMDP-System. In H.-J. Haug & R.-D. Stieglitz (Hrsg.), *Das AMDP-System in der klinischen Anwendung und Forschung* (S. 143–149). Göttingen: Hogrefe.

Stieglitz, R.-D., Smolka, M., Bech, P. & Helmchen, H. (1998). *Die Bech-Rafaelsen-Melancholie-Skala (BRMS). Testmanual.* Göttingen: Hogrefe.

Tölle, R. (1996). *Psychiatrie* (11., überarbeitete u. ergänzte Aufl.). Berlin: Springer.

Trabert, W. & Luderer, H.-J. (1997). Psychopathologie-Seminare mit dem AMDP-System. In H.-J. Haug & R.-D. Stieglitz (Hrsg.), *Das AMDP-System in der klinischen Anwendung und Forschung* (S. 59–62). Göttingen: Hogrefe.

Ward, C. H., Beck, A. T., Mendelson, M., Mock, J. & Erbaugh, J. K. (1962). The psychiatric nomenclature. Reasons for diagnostic disagreement. *Archives of General Psychiatry, 7,* 198–205.

Williams, J. B. W. (1988). A structured interview guide for the Hamilton Depression Rating Scale. *Archives of General Psychiatry, 45,* 742–747.

Wittchen, H.-U. (1993). Diagnostik psychischer Störungen: Über die Optimierung der Reliabilität zur Verbesserung der Validität? In M. Berger, H.-J. Möller & H.-U. Wittchen (Hrsg.), *Psychiatrie als empirische Wissenschaft* (S. 17–39). München: Zuckschwerdt.

Wittchen, H.-U. (1994). Klassifikation. In R.-D. Stieglitz & U. Baumann (Hrsg.), *Psychodiagnostik psychischer Störungen* (S. 49–63). Stuttgart: Enke.

Wittchen, H.-U., Semler, G., Schramm, E. & Spengler, P. (1988). Diagnostik psychischer Störungen mit strukturierten und standardisierten Interviews: Konzepte und Vorgehensweisen. *Diagnostica, 34,* 58–84.

Woggon, B. (1979). Einstufung von AMP-Symptomen bezüglich Fremd- und Selbstbeurteilung. *Internationale Pharmakopsychiatrie, 14,* 158–169.

AMDP-Syndrome

I Primärskalen zum AMDP-System nach Gebhardt et al. (1983)

Skala 1: Paranoid-halluzina-
torisches Syndrom
(PARHAL)

33 Wahnstimmung
34 Wahnwahrnehmung
35 Wahneinfall
36 Wahngedanken
37 Systematisierter Wahn
38 Wahndynamik
39 Beziehungswahn
40 Beeinträchtigungs-
     und Verfolgungswahn
48 Stimmenhören
51 Körperhalluzinationen
54 Depersonalisation
56 Gedankenentzug
58 Andere Fremd-
     beeinflussungserlebnisse

Skala 2: Depressives Syndrom
(DEPRES)

20 Grübeln
60 Gefühl der Gefühllosigkeit
62 Störung der Vitalgefühle
63 deprimiert
64 hoffnungslos
71 Insuffizienzgefühle
73 Schuldgefühle
81 antriebsgehemmt
89 morgens schlechter
102 Durchschlafstörungen
103 Verkürzung der Schlafdauer
104 Früherwachen
106 Appetit vermindert

Skala 3: Psychoorganisches
Syndrom (PSYORG)

2 Bewußtseinstrübung
   Orientierungsstörungen
5 zeitlich
6 örtlich
7 situativ
8 über die eigene Person
9 Auffassungsstörungen
11 Merkfähigkeitsstörungen
12 Gedächtnisstörungen
13 Konfabulationen
100 Pflegebedürftigkeit

Skala 4: Manisches Syndrom
(MANI)

22 ideenflüchtig
66 euphorisch
72 gesteigerte
   Selbstwertgefühle
82 antriebsgesteigert
83 motorisch unruhig
88 logorrhoisch
93 soziale Umtriebigkeit

Skala 5: Hostilitätssyndrom
(HOST)

27 Mißtrauen
67 dysphorisch
68 gereizt
94 Aggressivität
97 Mangel an Krankheitsgefühl
98 Mangel
   an Krankheitseinsicht
99 Ablehnung der Behandlung

Skala 6: Vegetatives Syndrom (VEGET)	Skala 8: Zwangssyndrom (ZWANG)
28 Hypochondrie (nicht wahnhaft) 112 Übelkeit 117 Atembeschwerden 118 Schwindel 119 Herzklopfen 120 Herzdruck 122 Schwitzen vermehrt 126 Kopfdruck 129 Hitzegefühl	30 Zwangsdenken 31 Zwangsimpulse 32 Zwangshandlungen
	Skala 9: Neurologisches Syndrom (NEUROL)[1]
Skala 7: Apathisches Syndrom (APA) 15 gehemmt 16 verlangsamt 17 umständlich 18 eingeengt 61 affektarm 79 affektstarr 80 antriebsarm 92 sozialer Rückzug	132 Rigor 133 Muskeltonus erniedrigt 134 Tremor 135 Dyskinesien 136 Hypokinesien 137 Akathisie 139 Nystagmus-cerebrale Krampfanfälle

[1] Nicht empirisch ermittelt, a-priori-Skala (vgl. auch Baumann & Stieglitz, 1983).

II   Übergeordnete Skalen
zum AMDP-System nach Gebhardt et al.
(1983)

Übergeordnete Skala:
Paranoid-halluzinatorische
Symptomatik PARHAL (Ü)

33	Wahnstimmung
34	Wahnwahrnehmung
35	Wahneinfall
36	Wahngedanken
37	Systematisierter Wahn
38	Wahndynamik
39	Beziehungswahn
40	Beeinträchtigungs- und Verfolgungswahn
48	Stimmenhören
51	Körperhalluzinationen
54	Depersonalisation
56	Gedankenentzug
58	Andere Fremdbeeinflussungserlebnisse
97	Mangel an Krankheitsgefühl
98	Mangel an Krankheitseinsicht

Übergeordnete Skala:
Depressive Symptomatik
DEPRES (Ü)

15	gehemmt
16	verlangsamt
18	eingeengt
20	Grübeln
60	Gefühl der Gefühllosigkeit
62	Störung der Vitalgefühle
63	deprimiert
64	hoffnungslos
71	Insuffizienzgefühle
73	Schuldgefühle
80	antriebsarm
81	antriebsgehemmt
89	morgens schlechter
92	sozialer Rückzug
102	Durchschlafstörungen
106	Appetit vermindert

Übergeordnete Skala:
Psychoorganische Symptomatik
PSYORG (Ü)

2	Bewußtseinstrübung Orientierungsstörungen
5	zeitlich
6	örtlich
7	situativ
8	über die eigene Person
9	Auffassungsstörungen
11	Merkfähigkeitsstörungen
12	Gedächtnisstörungen
13	Konfabulationen
100	Pflegebedürftigkeit

Normen

(Umrechnungstabelle Rohwerte/T-Werte der Syndromskalen von Gebhardt et al., 1983)

Rohwerte	PARHAL	DEPRES	PSYORG	MANI	HOST	VEGET	APA	ZWANG	PARAHL (Ü)	DEPRES (Ü)	PSYORG (Ü)
0	43	31	42	42	40	42	35		41	27	42
1	50	38	51	51	48	51	43		47	35	51
2	54	43	56	56	52	56	48		51	40	56
3	56	46	60	59	56	60	52		54	43	60
4	59	48	62	62	58	63	54		56	46	62
5	60	50	65	64	60	65	56		57	48	65
6	62	52	67	66	62	67	58		59	49	67
7	63	53	68	68	63	69	60		60	51	68
8	64	55	70	69	65	71	61		61	52	70
9	65	56	71	71	66	72	62		62	53	71
10	66	57	72	72	67	73	63		63	55	72
11	67	58	73	73	68	74	64		64	56	73
12	68	59	74	74	69	75	65		65	56	74
13	69	59	75	75	69	76	66		65	57	75
14	69	60	76	76	70	77	67		66	58	76
15	70	61	77	76	71	78	68		66	59	77
16	70	61	78	77	72	79	69		67	60	78
17	71	62	79	78	72	80	69		68	60	79
18	72	63	79	79	73	81	70		68	61	79
19	72	63	80	79	73	81	70		69	61	80
20	73	64	81	80	74	82	71		69	62	81
21	73	64	81		74		72		69	62	81
22	73	65	82				72		70	63	82
23	74	65	82				73		70	63	82
24	74	66	83						71	64	83
25	75	66	83						71	64	83
26	75	66							71	65	
27	75	67							72	65	
28	75	67							72	66	
29	76	67							72	66	
30	76	68							73	66	
31	76	68							73	67	
32	76	68							73	67	

Rohwerte	PARHAL	DEPRES	PSYORG	MANI	HOST	VEGET	APA	ZWANG	PARAHL (Ü)	DEPRES (Ü)	PSYORG (Ü)
33	77	69							73	67	
34	77	69							74	68	
35		69							74	68	
36									74	68	
37									74	69	
38									74	69	
39									75	69	
40										70	
41										70	
42										70	
43										70	
44										71	
M	2.89	7.44	1.77	1.82	2.72	1.62	3.88	0.16	3.99	8.37	1.73
s	5.18	6.64	3.22	3.12	3.71	2.58	3.86	0.75	6.04	8.07	3.15

Nach dieser Tabelle dürfen nur die Rohwerte (RW) einzelner Patienten transformiert werden. Eine Transformation der Mittelwerte von Gruppen ist wegen der vorgeschalteten logarithmischen Transformation nicht zulässig. Die T-Mittelwerte für eine Gruppe von Patienten sind aus den T-Werten der einzelnen Patienten zu berechnen.

AMDP-Trainingsseminare

Die sachgemäße Anwendung eines komplexen Dokumenta-
tionssystems wie dem AMDP-System erfordert eine umfassende
Einführung. Derartige Einführungen in Form von AMDP-Trainingsseminaren werden von der AMDP seit über 20 Jahren
angeboten. Aufgrund der daraus resultierenden Erfahrungen
wurden die Inhalte immer wieder modifiziert. In der jetzt gültigen
Form beinhalten sie zwei große Teilkomplexe:
– theoretische Einführung in das AMDP-System sowie
– praktische Übungen mit dem AMDP-System.

In der **theoretischen Einführung** geht es um die Vermittlung der
Grundlagen, die zum Verständnis des Systems notwendig sind.
Diese umfaßt folgende Punkte:
– Historische Entwicklung des Systems,
– Aufbau des Systems,
– Beurteilungsgrundlagen,
– Gesprächsführung sowie
– Anwendungsmöglichkeiten.

Das Kernstück der Trainingsseminare besteht in **praktischen
Übungen** in der Anwendung des Systems. Trainiert wird dabei
der Psychische Befund, da erfahrungsgemäß für die anderen
Belege des Systems (Anamnesebelege, Somatischer Befund)
weniger Trainingsbedarf besteht. Als Grundlage der Übungen
dienen videodokumentierte Patienten aus unterschiedlichen Störungsgruppen (organische Störungen, schizophrene Störungen,
affektive Störungen) sowie Life-Gespräche mit Patienten. Die
Ergebnisse dieser Gespräche werden dann von jedem Teilnehmer unabhängig voneinander auf dem „Psychischen Befund"
dokumentiert. Im Anschluß daran werden alle Symptome aus-
führlich diskutiert. Besonders geachtet wird dabei auf
– das Problem der Quantifizierung,
– das Problem der Informationserhebung (Gesprächsführung)
  sowie
– das Probleme der Abgrenzung der einzelnen psychopathologischen Begriffe.

Die Trainingsseminare sollten mindestens $1^1/_2$ Tage umfassen, besser 2–3 Tage.

Die Seminare werden regional angeboten für Teilnehmer aus unterschiedlichen Institutionen oder aber auf Anfrage auch innerhalb einer Institution.

Nähere Informationen zu den Trainingsseminaren finden sich in Trabert und Luderer (1997).

Anfragen sind zu richten an:

Prof. Dr. med.
Erdmann Fähndrich
Psychiatrische Abteilung
Krankenhaus Neukölln
Rudowerstraße 48
D-12352 Berlin

PD Dr. rer. nat.
Rolf-Dieter Stieglitz
Universitätsklinik für Psychiatrie
und Psychosomatik
Abteilung für Psychiatrie
und Psychotherapie mit Poliklinik
Hauptstraße 5
D-79104 Freiburg

Sachverzeichnis

Das AMDP-System in der klinischen Anwendung und Forschung

hrsg. von Hans-Joachim Haug
und Rolf-Dieter Stieglitz

1997, XII/216 Seiten, kartoniert, DM 49,80
sFr. 44,80 / öS 364,– • 3-8017-0945-0

Das vorliegende Buch zur klinischen Anwendung des AMDP-Systems beinhaltet Hintergrundinformationen zur Geschichte der Psychopathologie und des AMDP-Systems sowie Anweisungen zum praktischen Ablauf von AMDP-Interviews und Trainingsseminaren. Weitere Kapitel befassen sich mit der Anwendung des AMDP-Systems im Krankenpflegeunterricht, bei der Ausbildung von Medizin- und Psychologiestudenten, in der klinisch-psychiatrischen Forschung sowie zur Qualitätssicherung und Krankengeschichtsdokumentation. Im Abschlußteil finden sich Kasuistiken mit Beispielen für die Abbildung des Befundes im AMDP-System.

Der Leser kann sich hierdurch ein umfassendes Bild über die heutigen Anwendungsgebiete des AMDP-Systems verschaffen.

 Hogrefe - Verlag für Psychologie
Rohnsweg 25 • 37085 Göttingen • http://www.hogrefe.de